DUMONT DIREKT

Porto

Jürgen Strohmaier

Inhalt

Das Beste zu Beginn

Porto auf die Schnelle

Doch, das geht durchaus. Unten am Fluss das trubelige Hafenviertel der kleinen Leute, oben auf dem Stadthügel das ehrwürdige Porto der Bürger und Bischöfe. Unten leuchtend bunt, oben granitten kühl. Und beides zusammen ist die Essenz der Stadt. Zwei Tage reichen, drei sind entspannter.

Das Bild zur Stadt

Auf einem überdimensionierten Street-Art-Gemälde am U-Bahnhof Trindade schaut der Vater des Künstlers Mr. Dheo verschmitzt auf Sie. Ja genau, auf Sie! Und umhüllt dabei den Torre dos Clérigos, das Wahrzeichen der Stadt, mit rosa Farbwolken. Aus einer Spraydose. Mit Barcode und Warnhinweis.

Nicht ohne den FC

Fußballfan hin, Fußballfan her, am FC Porto kommen Sie nicht vorbei. Und wenn gerade ein Champions-League-Spiel ansteht, ist der Fantreffpunkt auf der Avenida dos Aliados. Dort wird auch die Meisterschaft gefeiert. Je nach Gusto meiden Sie dann diesen Ort oder Sie freuen sich mit den Siegern.

Mein Ruhepunkt

Plätze zum Entspannen gibt es Porto reichlich, etwa entlang der Uferpromenade am Atlantik. Aber ein Ort toppt sie alle: die Terrasse der Casa de Chá de Serralves (► S. 73). In dem Teehaus, umgeben vom Park des Kunstmuseums Serralves, könnte ich den ganzen Tag verbringen und mich an der Schönheit der Natur inmitten einer Großstadt erfreuen.

Porto von oben

Einen Aufzug gibt's nicht. Also heißt es, 240 Stufen hinaufzusteigen, um auf den höchsten Kirchturm Portugals zu gelangen, den Torre dos Clérigos (► S. 37). Aus knapp 76 m Höhe genießen Sie Porto, den Douro und das Meer aus der Vogelperspektive. Mit etwas Fantasie sehen Sie bis Amerika.

Stromkästen als Kunstobjekte
Knallrot der Hintergrund, davor eine stilisierte Frau in Gelb und Weiß. Oder: Eine violette Haustür von grünen Kacheln eingerahmt, die sich an der Hauswand fortsetzen, während sich schnaufend ein grauer Kopf ins Bild schiebt. So sehen nur zwei der Elektrokästen aus – in der Rua das Flores, der ›Straße der Blumen‹, präsentieren sich alle im opulent-bunten Look.

!

Portos schönstes Haus
Klar, über Geschmack lässt sich streiten. Aber schauen Sie sich mal das Gebäude Nr. 75–79 in der Rua Cândido dos Reis an. Zumindest wenn Sie ein wenig Faible für Art déco besitzen. Herrlich, wie sich die roten Blumen – ja was sind es? Nelken? – fröhlich über den Fenstern schlängeln.

Bücherkauf auf Harry Potters Treppe
Die geschwungene Holztreppe, ausgelegt mit rotem Teppich, führt in die oberen Stockwerke der Buchhandlung Lello (▶ S. 38). Sie soll Vorbild für das Treppenhaus in Harry Potters Zauberschule gewesen sein, lebte doch deren Erfinderin zur Entstehungszeit ihres Fantasy-Romans in Porto.

Spöttischer Johannes der Täufer
Da steht sie, die Statue des Stadtheiligen (▶ S. 55), in einer Häusernische an der Praça da Ribeira. Über dem Brunnen, einem Hippie gleichend mit seinem langen Bart und dem Schafsfell um die Schultern. Fast so etwas wie Blasphemie durch den eigenwilligen Künstler João Cutileiro.

Ich wohne in Lissabon und bin doch gern in Porto. Eigentlich geht das überhaupt nicht, Lissabonner und Portuenser können nicht gut miteinander. Mir ist's egal, wenn ich entspannt vom Café am linken Douroufer die bunte Häuserfront der Altstadt betrachte. Oder abends im Kulturtreff Maus Hábitos einem Konzert lausche.

Fragen? Erfahrungen? Ideen?

Ich freue mich auf Post.

@ *Mein Postfach bei DuMont:*
j.strohmaier@dumontreise.de

Das ist Porto

Schon die Anreise ist ein Traum. Wenn das Flugzeug über Fluss oder Atlantik einschwebt und die Stadtkulisse sich tief unten abzeichnet. Mit dem städtischen Wahrzeichen Torre dos Clérigos, dessen Turmspitze fast den Himmel zu erreichen scheint. Nicht minder attraktiv gestaltet sich die Anfahrt per Zug, von Süden kommend. Aus dem Fenster bietet sich ein Atem raubender erster Überblick.

Mediterranes Flair, kühler Charme

Am Ufer des Flusses Douro schmiegen sich die bunt zusammengewürfelten Häuser des Fischerviertels Ribeira eng aneinander und strahlen anmutig mediterrane Stimmung aus. Entlang verwinkelter Gassen ziehen sie sich zum gewaltigen Bischofspalast und zur Kathedrale hinauf. Hier, auf dem 78 m hohen Stadthügel Pena Ventosa, hüllt sich Porto in strenges Grau. Die Farbe des Granits, aus dem die Gebäude der Oberstadt errichtet sind. Geschäftig gibt sich die Baixa gleich dahinter, mit ihren Restaurants, Bars, Theatern, Kettenläden, Boutiquen. Dazu passt, dass sich die Kirche Santo Ildefonso ein blaues Kleid angelegt hat, ganz aus Kacheln. Im Zeitgeist, der Porto vor 100 Jahren durchwehte. Im Inneren erstrahlen viele Gotteshäuser in glänzendem Gold. Das verlangte die Mode vor drei Jahrhunderten. Um die Ecke gibt sich die breite Avenida dos Aliados als präsentables Besuchszimmer, gesäumt von monumentalen Bank- und Bürogebäuden und begrenzt vom Rathaus. Studentisches Leben füllt das Universitätsviertel rund um die Buchhandlung Lello, die täglich mehrere Tausend Besucher anlockt – so schön ist die geschwungene Treppe aus dunklem Holz, die im Geiste schon Harry Potter hinaufgestiegen ist.

Das hippe Porto

Doch das ist nur die eine, die historische Facette der Stadt, denn Porto erfindet sich gerade neu, scheint in einen Jungbrunnen gefallen. Diese andere Seite erzeugt eine kreative Spannung, die sich positiv auf Reisende und die vielen jungen Einwohner überträgt. Porto wird nie langweilig. Und ist mittlerweile sogar das bevorzugte Reiseziel der Portugiesen an Silvester. Weil richtig was los ist. Da werden verfallene Häuser behutsam saniert und in stylische Hotels und Ferienwohnungen umgewandelt, entstehen Zentren für Coworking, für Alternativläden, für soziale Projekte. Die Zahl der Bars verdoppelte sich in drei Jahren. Traditionskneipen leben auf, daneben öffnen coole Restaurants. Konzertevents locken Zehntausende Fans.

Kunst und Architektur im Alltagsleben

Und erst die zeitgenössische Architektur! Sein Konzerthaus charakterisiert Architekt Rem Koolhaas mit selbstironischem Schmunzeln als verrückten Bau. Vodafone wählte für sein Headquarter einen weißen Betonmonolith, den spitz zulaufende Wellen auflösen. Weiß, das ist aktuell die bestimmende Farbe, auch auf den großflächigen Außenwänden des Museums für Gegenwartskunst, dessen einzelne kubische Baukörper wie zufällig an-

Eine Gondelfahrt in Porto gefällig? Zu Wasser oder in der Luft? Die Fahrt mit dem Teleférico de Gaia bringt in jedem Fall überraschende Ausblicke …

geordnet wirken. Kunst gehört in Porto einfach dazu, Street-Art blüht an fast jeder Ecke. Zeitgenössische Antwort auf die historischen Kachelbilder, sei es in weithin sichtbaren farbigen Mauergemälden, sei es in versteckten Zeichnungen in einer Toreinfahrt. Hier sind Telefonzellen bunt aufgepeppt, dort strahlen Stromkästen in fröhlicher Verkleidung.

Legendärer Stolz

Antiga, mui nobre, sempre leal e invicta, lautet der Wappenspruch, einst verliehen von einer Königin. »Alt, sehr edelmütig, immer treu und unbesiegbar.« Daraus beziehen die Portuenser bis heute ihr Selbstbewusstsein. Und aus ihrer Geschäftigkeit. In Porto wird das Geld verdient, das in Lissabon ausgegeben wird. So heißt es. Dort in der Hauptstadt sitzt die Verwaltung, hier dagegen wird gearbeitet. So heißt es. Auch wenn dabei vielleicht übersehen wird, dass Verwaltungen nicht grundsätzlich zur Untätigkeit verdammt sind. »Unbesiegbar« wären besonders gerne die Fußballer des FC Porto, städtisches Aushängeschild. Und in der Tat: Die Konkurrenten aus Lissabon lassen sie hinter sich. Meistens zumindest. Ein Drache ziert das Vereinsemblem. Gegründet wurde der Club 1893 übrigens von einem Weinhändler. Wie könnte es in der Stadt des Portweins auch anders sein …

Und zum Schluss ein Gläschen Portwein

Am schönsten in einem der Liegestühle, die Bars und Restaurants an den Fluss am gegenüberliegenden Ufer stellen. Und da ist er dann wieder, der Blick auf Porto. Auf die bunt zusammengewürfelten Häuser, die sich romantisch den Stadthügel hinaufziehen. Auf den wuchtigen Bischofspalast dort oben, auf den Kirchturm Clérigos, der wie ein Finger in den Himmel ragt und einst den Seeleuten als Orientierung diente. Auf die eisernen Brückenmonster und den sanft fließenden Douro hinab bis zum weiten Atlantik. Das ist Porto.

Porto in Zahlen

2

Pritzker-Preisträger für Architektur stammen aus Porto.

4

städtische Badestrände gibt es, alle mit blauer Flagge.

41,4

Quadratkilometer Stadtfläche, nach Lissabon die zweitgrößte Stadt des Landes

240

Stufen führen auf Portugals höchsten Kirchturm Torre dos Clérigos.

938

Jahre nach Christi Geburt wird in Porto der Landesname erfunden: Portocale, später Portugal.

1000

Rezepte für Bacalhau (Stockfisch) sind bekannt.

1394

erblickte Heinrich der Seefahrer in Porto das Licht der Welt.

1996

wurde das Stadtzentrum zum UNESCO-Welterbe.

3510

Pfeifen besitzt die Orgel der Kathedrale, eingerichtet von der Regensburger Firma Thomas Jann.

100 000

Liter rubinroten Weins lagern im größten Portweinfass der Region.

4000

ausländische Studenten und Wissenschaftler schreiben sich jährlich an der Uni Porto ein.

214 000

Einwohner leben hier, etwa so viele wie in Mainz oder Erfurt.

20 000

farbige Kacheln kleiden den Bahnhof São Bento.

540 000

Menschen benutzen pro Jahr die Standseilbahn Guindais.

67 000

Autos fahren täglich in die Stadt.

457 500 000

Euro sind die Vermarktungsrechte des FC Porto für zehn Jahre wert.

45

Meter hoch ist der metallene Bogen über der Brücke Dom Luís I.

Was ist wo?

Porto ist bunt und fröhlich, Porto hüllt sich in das strenge Grau des Granits. Porto gibt sich mittelalterlich und Porto zeigt ein modernes Gesicht – eine Stadt der Widersprüche, die doch zu überraschender Einheit findet. Grob lässt sie sich in oben und unten einteilen. Unten am Fluss lebten die Fischer, Handwerker, Matrosen. Höchst selten kamen sie in Kontakt mit denen dort oben, wo die Kathedrale steht, der Bischofspalast, das Rathaus.

Ribeira

Portos Schutzheiliger Johannes der Täufer im Hippiekostüm überwacht das bunte Treiben auf der **Praça da Ribeira,** Gravitätszentrum des farbenfrohen **Hafenviertels** (🕮 H 7) und schöner Ausgangspunkt für die Stadterkundung. Wo das Leben tobt und die ältesten Häuser stehen, seit 600 Jahren schon. An der östlichen Uferpromenade überquert ein stählerner Koloss den Fluss und erreicht die **Portweinkellereien** in **Vila Nova de Gaia.** Für die 174 m hohe, zweistöckige **Ponte Dom Luís I** wurden immerhin 3000 t Eisen verbaut. Ein weit wertvolleres Metall glänzt im westlichen Teil dieses Stadtquartiers: Gold! Aus der Kolonie Brasilien kam es tonnenweise in die Stadt. In der **Igreja de São Francisco** ist tatsächlich alles Gold, was glänzt – und blendet. Der **Börsenpalast** gleich daneben war auch reine Angeberei: Mit dem romantisierenden Zuckerbäckerstil wollten die Händler ihre Geschäftspartner beeindrucken.

Avenida dos Aliados und westliche Altstadt

Die Alliierten des Ersten Weltkriegs standen Taufpate für Portos Prachtmeile (🕮 J 6), gesäumt von neobarocken Großgebäuden. Attraktionen bilden ein glanzvoller McDonald's, ein nacktes Mädchen, drei freizügige Jungs. Ach ja, und dazu das Rathaus sowie das teuerste Hotel der Stadt. Ein paar Schritte westlich wächst Porto in den Himmel: Der Kirchturm von **Clérigos** (🕮 H 6) misst 75,60 m. Das Wahrzeichen ist über 240 Stufen zu besteigen. Wie aus dem Liliputland liegen ihm zu Füßen die **Universität,** der Stadtpark **Jardim da Cordoaria** und die weltweit vielleicht schönste **Buchhandlung Lello.** 1906 eingeweiht, als die Stadtplaner viel vorhatten.
Pariser Galerien sollte es auch in Porto geben, doch das Geld ging aus. Heraus kam die zunächst wenig attraktive **Rua da Galeria de Paris** (🕮 Karte 2, B 2). Bis 2007 die erste Bar eröffnete und dann noch eine und noch eine und noch eine. Inzwischen passt nachts kaum mehr ein Blatt zwischen die Partygänger im angesagten Zentrum des Nightlife. Tagsüber faszinieren farbenfrohe Art-déco-Gebäude in der angrenzenden **Rua Cândido dos Reis.**

Baixa

Zum Shoppen geht's in die **Baixa** (🕮 J 5/6). Rund um die Markthalle **Mercado do Bolhão** reihen sich Traditionsläden, deren kunstvoll gestaltete Fassaden zum Kaufrausch verleiten. Ebenso in der belebten Fußgängerzone **Santa Catarina,** wo sich zwischen all den Modeketten noch das eine oder andere Kleinod hält. Wie das **Majestic,** Portugals wohl schönstes Kaffeehaus. Die angrenzende **Praça da Batalha** zwischen dem Opernhaus Teatro Nacional de São João und der Barockkirche Igreja de Santo Ildefonso mit blau-weiß gekachelter Fassade war der Treff des Bürgertums im 18. und 19. Jh. Als der nahe Bahnhof **Estação de São**

Bento 1915 eröffnet wurde, hatten die Baumeister die Wartesäle und sogar die Ticketschalter vergessen. So einen richtigen Aufenthaltsraum gibt's immer noch nicht, dafür eine Bildergalerie aus 20 000 Kacheln.
Gegenüber führt die vielleicht schönste Straße der Stadt zum Hafenviertel, die **Rua das Flores,** Straße der Blumen (🕮 H/J 6/7). Heute sind's gestylte Stromkästen, die für Buntheit sorgen.

Bairro da Sé

Portos Geburtsort steht auf granitenem Felsen, Pena Ventosa genannt, sturmumtoster Hügel. Die mittelalterliche **Kathedrale** (🕮 J 7) und der barocke Bischofspalast zeichnen die Silhouette. Gegenüber stand bis Ende des 18. Jh. das Rathaus. Einst der Stolz der Stadt, wie eine Inschrift unter dem Wappen am Eingang zeigt, beherbergt es heute ganz profan eine Außenstelle des Tourismusamtes. Ein herrliches Panorama lohnt den Aufstieg auch für alle, die weniger an Historie interessiert sind.
Zum Fluss hinab führen die stillen Gässchen des Viertels. Eine architektonisch vorbildliche Altstadtsanierung in Verbindung mit sozialen Maßnahmen machte aus einem verrufenen Ort der Drogen- und Straßenkriminalität das lebenswerte Wohngebiet rund um die **Rua de Sant'Ana.**

An den Atlantik

Entlang der **Avenida da Boavista** (🕮 A–F 3/4), die zum Meer hinausführt, entwickelt sich das futuristische Porto, ganz in Weiß: Das Konzerthaus **Casa da Música,** vom Architekten selbst zum verrückten Bau stilisiert. Der Sitz des Telefongiganten Vodafone, zusammengefügt aus dreidimensionalen Rauten. Und das **Museum Serralves,** dem eine Symbiose von Kunst und Natur gelingt.
Im Stadtteil **Foz do Douro** (🕮 Karte 3, C/D 5–7) reihen sich die **Stadtstrände** aneinander, prämiert mit der blauen Flagge für Sauberkeit. Bars und Restaurants schieben sich direkt ans Wasser, verbunden sind sie durch einen Spazierweg. Unter dem romantischen Säulengang **Pérgola da Foz** wurde schon so mancher Heiratsantrag mit einem tränenreichen Ja beantwortet. Woraufhin meist ein Sprung in die Meeresfluten folgte.

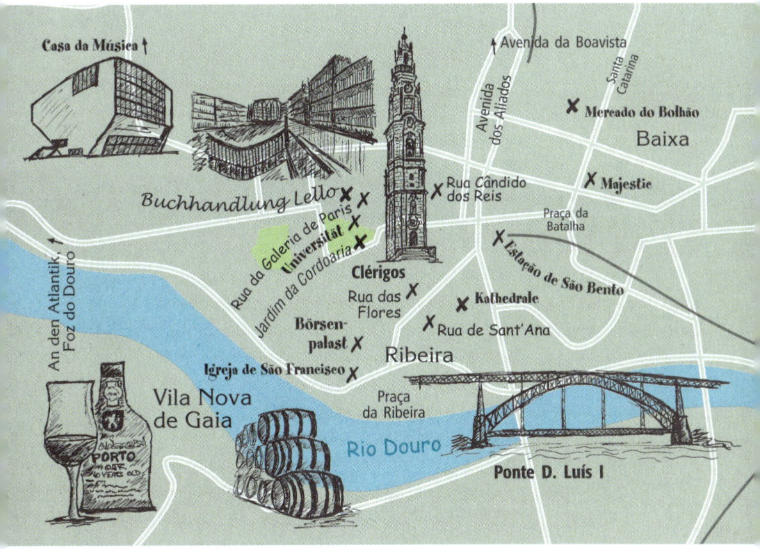

Feierlaune

Was in Köln der Karneval, ist in Porto das Fest zu Ehren des Schutzheiligen São João, Johannes des Täufers. Die Geschäfte preisen an, was zum Feiern gebraucht wird, und die Portuenser laufen mit den Utensilien ausgelassen durch die Straßen. Mit den Gummihämmerchen ziehen sie anderen gern eins über die Rübe. Der Bürgermeister ist das beliebteste Opfer, klar. Noch wichtiger als die Gummihämmerchen sind Bier und Wein in ausreichenden Mengen. Auch klar. Und gebratene Zicklein und gegrillte Sardinen dazu ...

BARROS
WARRE'S
1670
PORT
DOW'
PORT
PORT
CRU
Est. 1887
ROBERTSO
OFF
POR

Auf großer Fahrt

Da segeln sie dahin! Die Rabelo-Boote auf dem Douro, wie vor Jahrhunderten. Einst transportierten sie den Portwein aus dem Anbaugebiet im oberen Flusstal zu den Kellereien auf der anderen Uferseite der Stadt. Heute vereinen sich die Schiffe zur Regatta und fahren Reklame. Ihre Segel blähen sich im Wind und verkünden stolz die Namen der Portweinproduzenten. Ein Tuch in schreiendem Pink ist inzwischen auch schon mal dabei. Das passt zum Trend, der Port Rosé kommt gerade in Mode, gilt als Wein für die gewissen Momente …

Kunststücke

Junge Kreative und junge Kunst haben in der Kulturszene in Porto das Sagen. Die städtischen Ausstellungsräume sind voll davon, Portos Galerien auch, und alle Welt spricht darüber. Dazu Straßen voller ›Kunststücke‹, Street-Art genannt, an der sich alle beteiligen können – mehr Demokratie in der Kunst geht nicht! Last but not least gibt es in Porto auch noch das landesweit bedeutendste Museum für internationale Gegenwartskunst (▶ S. 73). Eine tolle Szene!

Ihr Porto-Kompass

#2

Ein Kleid aus Kacheln – **im Zentrum**

#3

Portos schönste Straße – **Rua das Flores**

Alles so schön bunt hier

Straße der Blumen

#1

Vom Bischof zur Bedürftigkeit – **im Stadtteil Sé**

EIN STADTTEIL WIRD AUFGEMÖBELT

WOMIT FANGE ICH AN?

... endlich die Füße ins Wasser tauchen

#15

Spazieren am Atlantik – **Portos Strandlandschaften**

IST DIE FARBE DER ZUKUNFT WEISS ?

Von der wunderlichen Erfindung des Portweins

Unter **6** Brücken sollst Du fahren

#14

Gebäude ganz in Weiß – **in Boavista**

#13

Tief ins Portweinfass geschaut – **in Vila Nova de Gaia**

#12

Porto, deine Brücken – **Bootstour auf dem Douro**

#4
Prachtmeile –
Avenida dos Aliados

#5
Am mahnenden Zeigefinger –
im Univiertel

#6
Ein nostalgischer Einkaufsbummel –
Bolhão

#7
Bei einem Kaffee mit Harry Potter – **in der Baixa**

#8
Streifzug durch die Szene – **Nightlife in den Galerias de Paris**

#9
Portos goldener Reichtum – **an der Rua do Infante**

#10
Im mal bunten, mal schummerigen Hafenviertel – **Ribeira**

#11
Auf den Spuren der Seefahrer –
in Miragaia

1

Vom Bischof zur Bedürftigkeit – **im Stadtteil Sé**

Der Geburtsort Portos – hier, 78 m über dem Fluss auf dem Pena Ventosa, im Portugiesischen ›Sturmumtoster Fels‹, lag er. Die ältesten Funde stammen aus dem 8. Jh. v. Chr. Phönizische Amphoren aus dem 5. Jh. bezeugen frühe Handelsbeziehungen in den Mittelmeerraum. Dann kam der Bischof. Bis 1406 regierte er die Stadt, die sich rund um seine Wohnburg ausdehnte.

Die Gestaltung des Kathedralenplatzes ist jüngeren Datums, als zu vermuten ist. Der Schandpfahl im Vordergrund stammt aus dem Jahr 1945, der Turm im Hintergrund wurde 2003 hingestellt.

Kaum zu glauben. Der großzügige Platz vor der **Kathedrale** 1 ist ziemlich neu. Noch bis weit in die 1930er-Jahre war das Bild von eng zusammengedrückten Wohnhäusern bestimmt. Aber Portugals Diktator Salazar ließ sie allesamt abreißen, um sich während pompöser Staatsfeiern

schön präsentieren zu können. Der auf alt getrimmte Schandpfahl musste schließlich die ungewohnte Leere füllen. Das **Reiterstandbild** des Ritters Vimara Peres, der 866 die Stadt für kurze Zeit den Mauren entrissen haben soll, folgte 1968 an der Nordseite. Es wird kolportiert, dass der damals schon reichlich senile Alleinherrscher Salazar dringend eine neue Statue enthüllen wollte. Unumstritten ist da einzig der beeindruckende Rundumblick auf die Stadtsilhouette.

Als verwandt im Geiste empfand sich Diktator Salazar mit Ritter Vimara Peres, dessen Statue er aufzustellen befahl.

Eine Trutzkirche als Schatzkästchen

Schon 19 Jahre vor der portugiesischen Staatsgründung, soll 1120 der Grundstein der Kathedrale gelegt worden sein. Das Ergebnis war eine mittelalterliche Wehrkirche, zu sehen auf einem Kachelbild im Bahnhof São Bento. Aus dieser Zeit blieb die Rosette über dem Hauptportal erhalten. Der italienische Baumeister Nicolau Nasoni barockisierte die alte Trutzkirche im 18. Jh., indem er die schwungvolle Loggia vor die Nordfassade setzte und die beiden wuchtigen Wehrtürme mit eleganten Kuppeln zierte. In den Hauptchor (17. Jh.) malte er bunte Fresken.

Schlicht im Stil der Gotik zeigt sich der hohe, dreischiffige Kirchenraum. Irgendwie uneinheitlich wirkt das Ensemble, wollten doch fast alle Bischöfe mittels Anbauten ewige Spuren hinterlassen. Im 14. und 15. Jh. fügten sie den Kreuzgang hinzu, den ihre Nachfahren im 18. Jh. mit blau-weißen Kachelbildern verzierten. Sie zeigen Liebesszenen aus dem alttestamentarischen Hohelied Salomos und die Metamorphosen des römischen Versdichters Ovid.

Kurios, aber in Portugal gar nicht so selten sind Liebesszenen in Kreuzgängen – kunstvoll auf Kacheln gemalt, wie in demjenigen der Kathedrale von Porto.

800 kg massives Silber, versteckt vor Napoleon! Die Sakramentskapelle links neben dem Hauptaltar hat schon was. 100 Jahre, von 1632 bis 1732, brauchten Generationen von Silberschmieden für die Fertigstellung im spanischen Platereskenstil. Ein geistesgegenwärtiger Küster rettete den Altar vor plündernden napoleonischen Truppen: Er mauerte ihn kurzerhand ein.

Rund um die Kathedrale

Der monumentale **Bischofspalast** 2 an der Südseite des Vorplatzes Terreiro da Sé entstand im 18. Jh. auf den Grundmauern seines Vorgängerbaus. Wiederum unter Beteiligung Nicolau Nasonis. Vielfältig war die Nutzung: während des Bürgerkriegs 1832 als Lager für alle wertvollen Bücher der Stadt, nach der bürgerlichen Revolution von 1911 bis 1956 als Rathaus und heute als Diözesansitz. Einzig als Sitz des Kirchenoberhaupts diente er kaum.

Auf der gegenüberliegenden Platzseite wagte Fernando Távora, Vater der modernen Architektur in Portugal, durchaus Umstrittenes. 2003 war das. Über mittelalterlichen Ruinen zog er einen klotzigen Kubus aus Granit, Glas, Eisen hoch, 2 m niedriger als der Ursprungsbau, der bis Ende des 18. Jh. als Rathaus *(câmara municipal)* gedient hatte und folglich **Casa da Câmara** 3 genannt wurde. Oder auch Casa dos 24, Haus der 24, entschieden dort doch die 24 Vertreter der Portuenser Handwerksgilden über das Schicksal der Stadt.

Auch der so richtig mittelalterlich wirkende Turm **Dom Pedro Pitões** 4 ist jung. Seine historischen Reste wurden 15 m entfernt entdeckt, das

INFOS/ÖFFNUNGSZEITEN

Kathedrale 1: April–Okt. tgl. 9–18.30, Nov.–März bis 17.30 Uhr; Eintritt 3 €, 20 % Ermäßigung mit Porto Card
Bischofspalast 2: Terreiro da Sé, Mo, Di, Do–Sa 9–13, 14–18 Uhr, nur mit Führung, Eintritt 5 €, mit Porto Card 4 €
Igreja de São Lourenço (Igreja dos Grilos) 7: Largo do Colégio, Di–Sa 10–18 Uhr, Eintritt 3 € einschl. Kirchenmuseum, 30 % Ermäßigung mit Porto Card.

KULINARISCHES FÜR ZWISCHENDRIN

Die **Cafeteria** im **Casa-Museu Guerra Junqueiro** 6 stellt bei schönem Wetter ein paar Tische in den Innenhof, ein lauschiges Plätzchen in der Rua de Dom Hugo (Mo–Sa 10–17.30, So 10–12.30, 14–17.30 Uhr).
Das privat finanzierte Restaurantprojekt **Português de Gema** 1 in der Rua de Sant'Ana 33 beschäftigt sozial Ausgegrenzte und Arbeitslose und bietet schmackhaftes Essen (Mo–Sa 12–15, 19–22 Uhr) günstig an.

FUNDSTÜCKE

Schon in der dritten Generation produziert das Familienunternehmen **Ecolã** 1 wunderschöne Schals, Pullover, Jacken und Decken aus Schafwolle. Ihre kleine Verkaufsstelle versteckt sich in der Travessa da Bainharia 37 (Mo–Sa 11–19 Uhr).

Cityplan: Karte 2, B/C 3 | **Metro** São Bento

heutige Gebäude erst während der Umgestaltung des Platzes in den 1930er-Jahren errichtet. Und ist inzwischen als Sitz der städtischen Tourismusagentur Porto Tours touristischen Zwecken zugeführt.

Versteckt in der Rua de Dom Hugo

Nur selten verirren sich Urlauber in die Rua de Dom Hugo. Sie umläuft Kathedrale und Bischofspalast in einem Halbkreis. Gleich zu Beginn, und kaum zu finden, erhebt sich das **älteste Wohnhaus Portos** 5, immerhin aus dem frühen 14. Jh.! Sie müssen die Stufen neben dem Brunnen rechts hinauf, dem schmalen Gang folgen und durch die grüne Gittertür (sie lässt sich öffnen). Das Gebäude ist nach wie vor bewohnt.

Vom Innenhof des **Museums für den Lyriker Guerra Junqueiro** 6 (Haus 32) lässt sich ein Blick auf den bischöflichen Garten werfen. Fast ein Paradies auf Erden, wenn im Frühjahr die Kamelien kräftig rot blühen.

Zur ›Kirche der Grillen‹

Nehmen Sie nun vom Kirchplatz den abfallenden Fahrweg nach Westen, befinden Sie sich unvermittelt in einer anderen Welt. Schmale Sträßchen, die in Treppen übergehen, folgen dem Wegweiser zur **Igreja dos Grilos** 7. 1573 war Baubeginn der einstigen Seminarkirche der Jesuiten, deren eigentlicher Name **São Lourenço** ist. Erst 1709 war sie fertig. Und das nicht mal vollständig. Schauen Sie mal nach oben. Der wuchtigen Barockfassade fehlt der vorgesehene Figurenschmuck, Fenster- und Türöffnungen sind zugemauert oder weisen ins Leere. Grund war der Widerstand der mächtigen Händler. Sie wünschten keine adeligen Kollegschüler und hatten Angst vor der religiösen Verführung der Jugend. Würden ihre Söhne vielleicht fürderhin nicht mehr das lukrative Erbe antreten, sondern zu Mönchen konvertieren?

Nach der portugalweiten Vertreibung der Jesuiten 1759 zogen die Barfüßigen Augustiner ein, deren Ordenssitz in der Lissabonner Rua dos Grilos lag. Seitdem heißt das Gotteshaus im Volksmund Igreja dos Grilos, Kirche der Grillen. Spektakulär präsentiert sich das Panorama vom Vorplatz.

B BRUNNEN

Zeugnis der Bedeutung des sprudelnden Nass für die Stadt ist der öffentliche **Brunnen** 8 an der nördlichen Seite der Kathedrale, der im 18. Jh. im Auftrag der Mönche eingerichtet wurde. Über dem Wasserhahn zeigt ein marmornes Flachrelief den hl. Michael, wie er den Teufel zu Boden zwingt. Die reichen Klöster hatten meist eine eigene Wasserzufuhr, so konnten Mönche und Nonnen dem durchaus auch mal gewalttätigen Gedränge vor den Brunnen entgehen. Die erste städtische Leitung wurde erst gegen Ende des 19. Jh. konstruiert, das Wasser kam aus dem Rio Sousa, der rund 20 km südöstlich von Porto in den Douro fließt.

Ein sozialer Brennpunkt wird befriedet

Vom Vorplatz führt die **Rua de Sant'Ana** abwärts. Sie ist eine der ältesten Straßen Portos und war lange schlecht beleumundet. Miserabel waren die Wohnbedingungen, den Häusern fehlte noch in den 1990er-Jahren der Wasseranschluss. Viele Anwohner waren alt, kaum qualifiziert, arbeitslos. Auf 400 wurde die Zahl der Nachbarn geschätzt, die direkt oder indirekt an Drogenhandel beteiligt waren. Sei es als Kuriere oder indem sie ihre Wohnungen als Versteck zur Verfügung stellten. Das brachte so manchem armen Rentner in ein paar Stunden das Mehrfache der staatlichen Altersunterstützung ein.

Mittlerweile zeigt die Straße ein anderes Bild. 17,4 Mio. € wurden für die Sanierung des Viertels in die Hand genommen. Die meisten Fassaden erstrahlen in lebendigen Farben. Treffs für Kinder, Jugendliche und alte Menschen wurden eingerichtet, berufliche Qualifizierungsprogramme aufgelegt. Das neu erbaute **Haus 38–40** beherbergt 16 Sozialwohnungen, einen Kindergarten und ein Altenheim. Gegenüber in Haus Nummer 33 gibt das kirchliche Projekt **Português de Gema** ❶ mit einem Restaurant Arbeit für Sozialfälle und Obdachlose.

Einen modernen Gegenpunkt setzt der Street-Art-Künstler Hazul (▶ S. 82) mit einem abstrakten Gemälde aus blauen Rundungen mit roten Farbtupfern am Ausgang der Straße, Ecke Travessa de Bainharia. Diese führt nach wenigen Schritten aus dem Gassengewirr hinaus.

Ü
ÜBRIGENS

Ausdruck großer Frömmigkeit sind **Hausaltäre,** eingebaut in die Außenmauern. So wird in einer Gebäudenische am unteren Ende der Rua de Sant'Ana die namensgebende Heilige geehrt. Hinter Glas ist ihre Statue ausgestellt, umfasst von einem kunstvoll gemeißelten Steinrahmen. Die Anwohner ehren die Mutter Marias bis heute mit Kerzen und Blumengewinden.

UM DIE ECKE

Klar, die Kathedrale war von einer **Stadtmauer** 9 geschützt. Sie stammt aus dem 14. und 15. Jh., jener Zeit, als enormer Zuzug die Grenzen des ersten Walls sprengte. 9 m an Höhe maß der neue Schutz, umlief auf 2600 m Länge rund 45 ha und war von acht großen Toren und mehreren schmalen Pforten durchbrochen. Ausgangspunkt war der Stadtteil Miragaia (▶ S. 59) am westlichen Rand der Ribeira, das östliche Ende war hinter der **Igreja Santa Clara** erreicht. Dort an der Rua Arnaldo Gama erheben sich zwei wuchtige **Stadttürme.**

Ein Kleid aus Kacheln – **im Zentrum**

#2

Sie begleiten die Besucher auf Schritt und Tritt und wahrlich, sie sind das i-Tüpfelchen in Portos urbaner Garderobe. Die meisterhaft gestalteten Kacheln schmücken Geschäftseingänge, Treppenhäuser und ganze Hausfassaden, deren Fliesenkleid im Sonnenlicht glänzt. Alleine das Studium dieser jahrhundertealten Kunst lohnt eine Reise in die Stadt am Douro.

Einem Chamäleon gleich passen sich die *azulejos,* so der portugiesische Ausdruck, neuen Moden, Geschmäckern und Aufraggebern an, während alte Farblasuren noch nach Jahrhunderten glänzen wie neu. Nur ein Problem gab es im 16. Jh. Beim Brennen flossen die Farben ineinander. Die Lösung: Die Handwerker fügten eingefettete Schnüre oder eine Mischung aus Mangan und

Aus China eingeführt, in Portugal verfeinert, nach Delft exportiert – kunstvoll bemalte blaue Kacheln

Eine Bahnhofsvorhalle wird für die Reisenden zum täglichen Geschichtsmuseum, dank portugiesischer Kachelkunst.

Leinöl zwischen die aufgetragenen Farben und ermöglichten so die Trennung.

Gemälde auf Ton gebrannt

Alles änderte sich rund 100 Jahre später dank einer technischen Revolution, die aus Italien kam und Majolika hieß. Der Trick: Eine Zinnglasur verhinderte das Verlaufen der Farben und ermöglichte das Bemalen der *azulejos*, auf eine Staffelei gelegt, wie eine Leinwand. Alle großen Kachelbilder in Porto sind auf diese Art gefertigt. Und unübersehbar: Blau gab den Ton an. Aus zwei Gründen: Die portugiesischen Händler hatten blau bemaltes Porzellan aus China nach Europa gebracht. Das traf den ästhetischen Geist der Zeit und wollte kopiert werden. In Portugal, in Holland, in Deutschland. Da traf es sich gut, dass Blau die einzige Farbe war, die in Schattierungen auf Kacheln gebrannt werden konnte und also monochrome Bilder ermöglichte. Das begeisterte den jungen Jorge Colaço (1886–1942) so sehr, dass er das Gesicht Portos verändern sollte.

Geschichte(n) im Bahnhof

Er begann im **Bahnhof São Bento** 1, der nach aufwendigen Tunnelsprengungen für die Eisenbahnlinie in das seit 1892 leer stehende Frauenkloster São Bento de Avé Maria hineingebaut wurde. Einst hatten die Nonnen in ihren Räumlichkeiten literarisch-poetische Feste abgehalten. Doch nun wurde ein innerstädtischer Bahnhof benötigt, mussten doch bisher die Waren vom Zollamt am Douro oder vom weit entfernten Zughalt Campanhã mit Ochsenkarren ins Zentrum geschafft werden. 1896 wurde mit einem grandiosen Festakt die Ankunft der ersten Dampflok gefeiert – vor Holzbaracken! Die Ausgestaltung der

Achtung Bahnfahrer! In Porto fahren die Züge überraschend pünktlich ab.

Eingangshalle mit 20 000 Kacheln hatte Jorge Colaço 1906 vollbracht. Dank einer vom Künstler entwickelten farblosen Grundierung scheinen die Bilder gleichsam aquarellhaft glänzend. Auf rund 550 m² Fläche.

Der bunt gestaltete Fries zeigt die Geschichte des Reisens und der Fortbewegung, vom antiken Pferderennen bis zur euphorisch gefeierten Eisenbahn. Den Zugang zu den Gleisen schmücken Prozessionen und Wallfahrten, ein Viehmarkt, eine Wassermühle am Douro, die Getreideernte, eine Wunderquelle, ein Jahrmarkt. Und das Einschiffen des Portweins. Die Gemälde an der rechten Seite zeigen den Einzug von König Joao I. und seiner britischen Verlobten Filipa von Lencastre anlässlich ihrer Hochzeit 1387. Im Hintergrund erhebt sich die Kathedrale in ihrem ursprünglichen Aussehen. Darunter trägt beider Sohn, Heinrich der Seefahrer, stolz erhoben die portugiesische Fahne nach Ceuta, auf der ersten Seefahrt, die 1415 in Porto ihren Ausgang genommen hatte.

Grausam geht's auf der gegenüberliegenden Wand zu. Oben sind heftige Schlachtszenen gegen den kastilischen Feind im Jahr 1140 zu sehen. Darunter bietet sich der königliche Berater Egaz Moniz mitsamt Familie dem kastilischen Herrscher als Pfand für seinen wortbrüchigen Herrn an.

N
NOCH WAS

Eine Kuriosität am Rande: Über all der Pracht hatten die Planer des Bahnhofs die Fahrkartenschalter vergessen. Und bemerkten diesen Fauxpas erst am Vorabend der Eröffnung …

INFOS/ÖFFNUNGSZEITEN

Bahnhof São Bento 1: Praça de Almeida Garrett, tgl. 4.30–1 Uhr
Igreja dos Congregados 2: Rua Sá da Bandeira 11, Mo–Sa 8–18, So 8–13, 17–18 Uhr, Eintritt frei
Igreja de Santo Ildefonso 3: Praça da Batalha, Mo 15–18, Di–Sa 9–12, 15–18.30, So 9–12.45, 18–19.45 Uhr, Eintritt frei

KULINARISCHES FÜR ZWISCHENDRIN

So unscheinbar ist das **Café A Serrana** 1 in der Rua do Loureiro 52 auf der Bahnhofssüdseite. Doch Sie genießen dort die besten Berliner *(bolas de berlim)* der Stadt unter einem engelsgleichen Deckengemälde von 1912 (So manchmal geschl.).

Cityplan: Karte 2, C/D 2 | **Metro** São Bento, Bolhão, **Tram** 22

Ü
ÜBRIGENS

Schon bemerkt? Oft fehlen die Kacheln an den unteren Hauswänden. Sie wurden geklaut und dann auf Flohmärkten und in Trödelläden zu Geld gemacht. Deswegen bitten Denkmalschützer, dort keine dieser Schmuckstücke als Souvenir zu erwerben. Die sichere Alternative sind Werke von zeitgenössischen Kachelmalern, die neue Designs entwerfen oder historische Motive kopieren.

Kachelmalerei ist ein altes Kunsthandwerk, das aktuell einen Aufschwung erlebt.

Zwei Kirchen im Fliesenkleid

Schräg gegenüber dem Bahnhof erhebt sich die blaue Fassade der **Igreja de Congregados** 2 aus dem 17. Jh. Das Gotteshaus ist dem hl. Antonius geweiht, wie auch die Bilder aus der Feder Jorge Colaços, gemalt kurz nach der Fertigstellung der Zugstation. Vom Giebel grüßt der Heilige in rotem Talar. Von der Kirche gondelt die Straßenbahn 22 romantisch die Rua de Janeiro hinauf zur Igreja de Santo Ildefonso. Die paar Meter sind aber auch schnell zu Fuß zurückgelegt, vorbei an einigen hübsch gekachelten Wohn- und Geschäftshäusern.

1932 war es, als Colaço sich daran machte, die weiß gekalkte **Igreja de Santo Ildefonso** 3 wirkungsvoll in Blau zu tauchen. Das geschah rund 200 Jahre nach der Einweihung des Barockbaus. Die rund 11 000 Kacheln zeigen Allegorien des Evangeliums und Szenen aus dem Leben des namengebenden Heiligen, einen auf der iberischen Halbinsel verehrten Abt eines Klosters bei Toledo. Er war 657 unter westgotischer Herrschaft zum Erzbischof ernannt worden. Im Kircheninneren, auf ovalem Grundriss, besticht ein goldener Hauptaltar, der dem Barockbaumeister Nicolau Nasoni zugesprochen wird.

UM DIE ECKE

Vor der Igreja de Santo Ildefonso weitet sich die **Praça da Batalha,** im 18. und 19. Jh. zentraler Treff der Portuenser Bürger. Angesteckt vom Erfolg eines italienischen Ensembles, das den Portugiesen erstmals eine Oper zu Gehör gebracht hatte, eröffneten die Stadtväter 1795 das **Teatro Nacional de São João** 4 an der südlichen Seite. Nach einem Großfeuer 1908 wurde das Gebäude im eklektizistischen Stil neu errichtet.

Das gegenüberliegende, modernistische **Cine-Teatro Batalha** 5 (1947) war lange Zeit wichtigstes Kino, dann geschlossen, 2021 will die Stadt es wieder eröffnen. Auch die Fassade des angrenzenden Art-déco-Kinos **Águia d'Ouro** erinnert an goldene Zeiten, als in den Sälen schon mal ein Zirkus oder ein Theater gastierten. Inzwischen ist ein **Hotel** 1 eingezogen (▶ S. 89).

Portos schönste Straße – **Rua das Flores**

#3

Straße der Blumen! Fußgängerzone und vielleicht der schönste Weg durch die Stadt. Auch weil inzwischen alle Stromkästen farbig aus dem Boden zu wachsen scheinen und bunte Blüten fast vergessen machen. Sie wurden von Künstlern fantasievoll bemalt. So präsentiert sich die Rua das Flores jung und modern. Und erzählt doch einiges aus der Geschichte Portos.

1521 wurde auf königlichen Befehl eine Verbindung zwischen den Klöstern São Bento und São Domingos befestigt. Sie führte durch Gärten und Felder des Bischofs und der Domherren. Daher der blumige Name. Die kirchlichen Grundbesitzer verdienten reichlich dabei, sie erhielten Pachtzins für den überbauten Boden. Ihren Besitz manifestierten sie an den Hauswänden. Das Messerrad der hl. Katharina (Hausnr. 25, 37, 60, 66–70, 81, 130, 277–279) zeigte bischöfliches Eigentum an,

Echte Blumen sind in der Blumenstraße die Ausnahme. Plastikblumen brauchen nun einmal weniger Wasser! Und welken nicht …

INFOS/ÖFFNUNGSZEITEN

Igreja da Misericordia 2: Di–So 9–12, 14.30–17.30 Uhr, Eintritt frei. Daran angeschlossen das **Museu da Misericórdia do Porto:** T 220 90 69 60, www.mmipo.pt, April–Sept. tgl. 10–18.30, Okt.–März tgl. 10–17.30 Uhr, Eintritt 5 €, mit Porto Card, Studenten und über 65-Jährige 2,50 €

Geschäftszeiten: Die Läden sind in der Regel werktags 10–19 Uhr geöffnet.

KULINARISCHES FÜR ZWISCHENDRIN

In den hohen Räumen des **Mercador Cafés** 1 sowie auf der Terrasse werden Snacks, Gebäck, frische Fruchtsäfte und einige Hauptspeisen gereicht (Rua das Flores 180, T 22 3 32 30 41, Mo–Sa 9–20 Uhr).

Feine Spezialitäten aus Portugal zum Mitnehmen oder zum Genießen direkt auf der Terrasse bietet die **Mercearia das Flores** 2 in der Rua das Flores 110 (T 222 08 32 32, Mo–Do 10–20, Fr/Sa 10–22, So 13–20 Uhr).

FUNDSTÜCKE

Knöpfe, Bindfäden, Reißverschlüsse führt der Kurzwarenladen **Retrosaria das Flores** 4 in Nr. 104. Eine wahre Goldgrube für Näherinnen und Näher.

Cityplan: Karte 2, B/C 2/3 | **Metro** São Bento, **Tram** 22

der Erzengel Michael den des Domkapitels (Nr. 192–206, 224–228).

Die reiche Handelsstraße

Nachdem die Straße schon 1542 gepflastert worden war, wurde sie attraktiv für Adelige, deren Wappen ungleich protziger ausfielen, z. B. an Nr. 29. Hinzu gesellten sich Gold- und Silberschmiede sowie Händler von Luxusgütern, etwa von Porzellan und Seide. Ihre repräsentativen Geschäftshäuser waren zwei- oder dreistöckig – im Parterre der Verkaufsraum, darüber die Wohnräume, davor schmiedeeiserne Fenster und Balkone. Nach Gebäudesanierungen und Umwandlung in eine Fußgängerzone gesellten sich Szeneläden, Cafés und Restaurants zu den alteingesessenen Geschäften. Eine spannende Mischung.

Ein Spaziergang

Los geht's gegenüber dem **Bahnhof São Bento.** Und gleich lohnt der Blick rüber zum ehemaligen

Schmuckgeschäft **Jóia da Coroa** 1 (Nr. 213–221). Es war ab 1906 Stammsitz des Juweliers Aliança, dem sogar die Queen einen Besuch abstattete. Über fünf Stockwerke verteilte sich das Geschmeide damals, das Ganze eingerichtet im Stil der Belle Époque.

Hinter der nächsten Straßenecke gibt's in der **Pérola da Índia** 1 seit 1934 Wein, die Einrichtung hat die Jahrzehnte überdauert. Auch die Messer- und Eisenwarenhandlung **Moriber** 2 gegenüber (Nr. 161–165) hat sich der modernen Konkurrenz erwehren können. Und hofft auch auf Kundschaft aus dem benachbarten Luxushotel **Flores Village** 1 (Nr. 139, ► S. 87). Im grünen Innenhof sprudelt ein mächtiger Brunnen und erinnert an die Zeiten der bischöflichen Gärten. Portos ältestes Geschäft folgt in Nr. 117–119: Der Juwelier **Neves & Filha** 3 besteht seit 1824!

Barocke Pracht und moderne Kunst

Die ursprüngliche Fassade der Renaissancekirche **Igreja da Misericórdia** 2 gegenüber wurde von Nicolau Nasoni monumental barockisiert, nur das einschiffige Innere behielt seine Schlichtheit. Den Höhepunkt des angeschlossenen **Museums** bildet das Bild »Fons Vitae« (16. Jh.) von einem unbekannten portugiesischen Künstler. Das Blut des gekreuzigten Christus fließt in einen Lebensbrunnen, dem Symbol für die nicht versiegende Barmherzigkeit *(misericórdia)*, das Leben *(vida)* und die Frömmigkeit *(piedade)*. Im Vordergrund knien König Manuel, seine zweite Gattin Maria und seine acht Kinder.

Auf dem Platz am Ende der Straße wachsen die **granitenen Bäume** des 2017 verstorbenen Bildhauers Alberto Carneiro 5, 6 und 7 m in die Höhe. Dazwischen steht ein natürlicher Olivenbaum. »Drei Baummetaphern für einen echten Baum«, so der Titel des Werkes.

UM DIE ECKE

Voraussichtlich Mitte 2020 soll das **Museu Subterrâneo do Rio da Vila** 3 eröffnen. Es folgt einem gut 2 m breiten und 3 m hohen ehemaligen Wasserkanal unter der Rua das Flores. Eingänge wird es gegenüber dem Bahnhof São Bento und nahe dem Largo dos Domingos geben.

Ü ÜBRIGENS

Staatliche **Sozialhilfe** gibt es nur sehr rudimentär. Sie beträgt im Schnitt rund 115 € pro Hilfsbedürftigem. Da springt häufig die **Wohlfahrtsorganisation Misericórdia** (Barmherzigkeit) ein. Gegründet 1498 von Königin Dona Leonora, unterhält sie Krankenhäuser, Kindergärten, Schulen, Armenspeisungen. Und sie besitzt das Monopol auf die Lotterie. Daraus stammt ein Großteil der jährlich rund 600 Mio. € für karitative Ausgaben.

#4

Prachtmeile – Avenida dos Aliados

Die Alliierten des Ersten Weltkriegs standen Taufpate. In jene Zeit fällt die Entstehung der Straße oder besser des weitläufigen Platzes, der im unteren Abschnitt den Namen Praça da Liberdade erhielt. Bis ins 18. Jh. wurde hier Gemüse für die bischöfliche Küche gezogen. Für Grün sorgen mittlerweile ein paar Bäume. Dazwischen Stühle zum Ausruhen, ein Wasserspiel.

Neobarocke Großgebäude ragen hoch hinaus. Viele haben vornehme Patina angesetzt, andere wurden soeben restauriert. Banken zieht's hierher, Versicherungen, Hotels. Wuchtig wirkt das jetzt schon, dabei schwebte dem Architekt Barry Partner eigentlich viel Größeres vor. Viermal so lang wollte er die Anlage. Doch dafür hätte das Gotteshaus **Igreja da Trindade** hinter dem heu-

Passt zusammen! Im Vordergrund die Statue des ersten aufgeklärten Königs von Portugal, im Hintergrund das Rathaus des traditionell liberalen Bürgertums von Porto.

tigen Rathaus abgerissen werden müssen, und dem stand die Kirchenverwaltung im Wege.

Der Platz als Treffpunkt

Voll wird's an Silvester. Und wenn der FC Porto einen Titel gewinnt. Dann wird lautstark bis in die Puppen gefeiert. Fastfoodfans sammeln sich bei **McDonald's** ①, das einst Café Imperial hieß und diesem Namen entsprechend prunkvoll daherkommt. Großflächige Glasmalereien und Kristallleuchter dominieren den Speisesaal. Ein kurzer Blick lohnt sich in die prächtige Filiale der Sparkasse **Caixa Geral de Depósitos** (1928) ein paar Schritte weiter, deren Innenfenster rot verziert sind. Auf der gegenüberliegenden Seite verleihen die Wandbilder der nordportugiesischen Künstlerin Graça Morais dem Traditionscafé **Guarany** ②, gegründet 1933, einen modernen Touch (► S. 45).

Im hiesigen McDonald's finden Architekturliebhaber und Fastfoodfans gleichermaßen ihre Freude.

Von Flandern inspiriert

Das **Rathaus** 1 an der Nordseite des Platzes wird überragt von einem 70 m hohen Turm mit Glockenspiel. Geplant war er noch höher, sollte er doch die Clérigos-Kirche überragen. Lange wurde daran herumgebaut, von 1920 bis 1957. Vorbilder lieferten die mächtigen nordfranzösischen und flandrischen Stadthäuser. Ein Treppenhaus aus schwarzem Marmor führt zu den Empfangssälen, deren Fresken historische Größen ehren, etwa Heinrich den Seefahrer. Ein Wandteppich zeigt auf 12 m² Schlüsselszenen der Stadtgeschichte bis zur Abfahrt der Seeflotte nach Ceuta 1415.

Der Palast der Cardosas

Zur Abwechslung was Altes, das die gesamte südliche Platzseite einnimmt. Im ausgehenden 18. Jh. nutzte ein katholischer Orden den Abriss der Stadtmauer an dieser Stelle, um ein Kloster zu errichten. Daraus wurde freilich nichts, der Bau kam ins Stocken. Zur Schande der Mönche wurde er 1834, dem Jahr der Säkularisierung, öffentlich versteigert. Er fiel an den Händler Manuel Cardoso dos Santos unter der Maßgabe, den Palast gemäß den ursprünglichen Planungen zu vollenden. So geschah es, und den Namen seiner Familie trägt er bis heute: **Palácio das Cardosas** 2. Auch wenn 2011 ein Luxushotel eingezogen ist.

N
NELKEN

Das war ein Fest am **25. April 1974** auf der Aliados! Der Putsch einer breiten Bewegung der Streitkräfte hatte soeben der jahrzehntelang herrschenden Diktatur ein friedliches Ende bereitet. In ihrer Freude schmückte die Bevölkerung die Gewehrläufe der Soldaten mit Nelken. Auf den Stufen zum Rathaus wurden Transparente entrollt, zum ersten Mal. Beschützt von patrouillierenden Panzern. Einige Schaufensterscheiben gingen freilich zu Bruch, sonst blieb alles fröhlich.

Denkmäler, mal ehrwürdig …

Vor dem Rathaus steht **General Humberto Delgado,** der sich vom glühenden Anhänger der Diktatur zu einem Gegner wandelte und dafür 1965 mit seinem Leben bezahlte. Größer fällt das bronzene Reiterdenkmal am südlichen Ende der Avenida dos Aliados aus. Es gebührt **König Pedro IV.,** dem ersten liberalen Monarchen. Er hatte sich gegen seinen absolutistischen Bruder Miguel in einem jahrelangen Bürgerkrieg durchgesetzt. Mit Unterstützung aus Porto.

… mal kurios

Und dann wären da noch drei nackte Jungs, so ziemlich in der Platzmitte, aus vergoldeter Bronze, wobei vom Gold nicht allzu viel geblieben ist. Sie stemmen eine Blumenschale. Schon seit

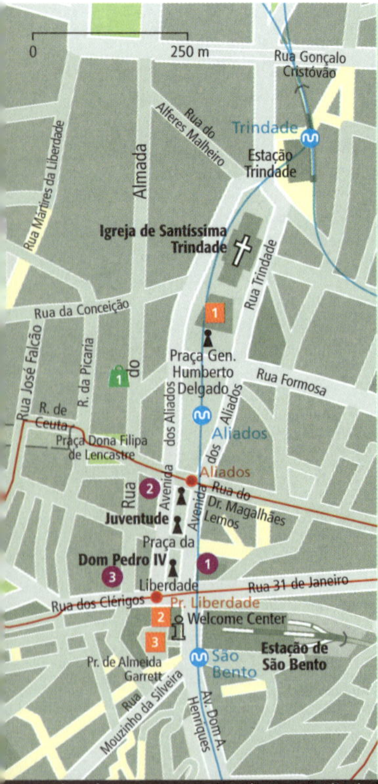

INFOS/ÖFFNUNGSZEITEN

Rathaus 1: Besichtigung nach Anmeldung (T 222 09 04 00) jeweils am ersten Sonntag im Monat um 11.15 Uhr.

KULINARISCHES FÜR ZWISCHENDRIN

Versteckt in der hinteren Ecke des Gemeinschaftsladens Almada 13 liegt **Miss Pavlova** 3. Dort gibt's die ›Pavlovas‹, ein Baisergebäck mit Cremefüllung, benannt nach einer russischen Tänzerin des 19. Jh., das Stück für rund 3 €. Und eine Mut machende Geschichte dazu: 2013 wurde Ana Maio, wie damals viele Portugiesen, arbeitslos. Und hatte die Idee, ihre unter Freunden so beliebten Nachtische zu verkaufen. Also eröffnete sie 2015 ihr eigenes Café. Mit enormem Erfolg (tgl. 11–19 Uhr).

FUNDSTÜCKE

20 hippe Läden sind im **Workshops Pop Up** 1 zusammengefasst. Dort gibt's selbst gebrautes Flaschenbier, Bücher, Kleidung, Stoffe, Schmuck … (Rua do Almada 275, www.workshops-popup.com, tgl. 10–21 Uhr).

Cityplan: Karte 2, C 1/2 | **Metro** Aliados, Trindade, São Bento, **Tram** 22

1931 geißeln sie die Verschwendungssucht. Strahlend weiß präsentiert sich seit 1933 ein nacktes Mädchen *(menina nua)* in Sichtweite. Den Kopf leicht angewinkelt, lächelt es freundlich Fotografen und Flaneuren zu. **»Juventude«** heißt diese Allegorie auf die Jugend offiziell. Und dann steht da noch einer, am Briefkasten im südöstlichen Eck. Mit einem beschriebenen Blatt Papier in Händen ermahnt er vielleicht so manchen Reisenden zum Versenden von Urlaubskarten.

Noch mehr fröhliche Kunst gefällig? Die roten Telefonhäuschen rund um den Platz wurden zu modernen Denkmälern zweckentfremdet. Bunte Fantasiefiguren aus der Spraydose von Nuno Costah in den Häuschen an der Ecke zur Rua do Dr. Magalhães Lemos und gegenüber vor dem Café Guarany.

In Zeiten von Social Media muss dem Briefschreiber vielleicht schon ein museumsreifes Denkmal errichtet werden.

Flaniermeile für Heimwerker

Eine Kuriosität anderer Art: Die heute schmale **Rua do Almada** hinter der Avenida wurde bereits 1762 als breiter Boulevard angelegt. Völlig sinnlos damals, denn sie führte durch das Nichts und in das Nichts. Es gab nichts drumherum. Dann wurden Häuser gebaut, viele tragen noch ihr ursprüngliches Kachelkleid. Und beherbergen Eisenwarenhandlungen. Ist das nicht herrlich, wie die Nägel, Schrauben, Hämmer, Feilen so akkurat in den Schaufenstern ausgerichtet sind?

UM DIE ECKE

Ein Beispiel gelungener Stadtsanierung bietet die **Praça das Cardosas** 3 hinter dem Palasthotel Interconti, erreichbar durch Torbögen gegenüber der Bushaltestelle am Largo dos Lóios und dem Bahnhof São Bento. Heruntergekommene Gebäude wurden nach und nach restauriert, weitgehend im historischen Stil, wobei die einheitlich blauen oder roten Kacheln einen zeitgenössischen Kontrapunkt setzen. Jedenfalls wurde moderner Wohnraum geschaffen, um der Abwanderung des Mittelstands aus Portos Zentrum entgegenzuwirken. Mit Erfolg, die Nachfrage ist hoch. Für Stimmung im Innenhof sorgt alle paar Monate der **Urban Market,** eine Art moderner Flohmarkt mit Kulturprogramm.

\# 5

Am mahnenden Zeigefinger – **im Univiertel**

Die Überschrift könnte auch lauten: Rund um die Universität. Aber der mahnende Kirchturm der Igreja dos Clérigos ist nun einmal das Wahrzeichen der Stadt und stellt die Hochschule in den Schatten. Ihr gegenüber gibt es die vielleicht schönste Buchhandlung der Welt zu sehen, die übrigens die Autorin von »Harry Potter« inspiriert haben soll. Und die ›Pariser Galerien‹, die freilich nicht so wirklich pariserisch wurden.

Um wirklich jedes Buch erreichen zu können, bedarf es einer schwindelerregenden Treppenkonstruktion inmitten des Kulturtempels Lello.

1911 war es, als die Akademie gegründet wurde. Kein Zufall, denn ein Jahr davor war die Monarchie gestürzt und die Republik ausgerufen worden. Das geschah unter maßgeblicher Beteiligung von Professoren, die einen der ihrigen

sofort zum Staatschef bestimmten. Zur gleichen Zeit wurde auch die Uni in Lissabon aufgebaut.

Der mahnende Zeigefinger

23. Oktober 1917: Zwei spanische Artisten, in der Zirkuswelt bekannt als Los Espartelanos, kletterten die Außenfassade an Portugals höchstem Kirchturm hinauf. Immerhin 75,60 m, und das mit bloßen Händen, ohne Seil. Oben angekommen, bauten sie einen Klapptisch auf und nahmen einen Tee. Und ihr Sponsor drehte einen der ersten portugiesischen Werbefilme. Für Kekse, unter dem Titel »Ein Tee in den Wolken«. Für weniger Abenteuerlustige führen im Inneren 240 Stufen hinauf zum atemberaubenden Panorama. Kein Wunder, dass der **Torre dos Clérigos** 1, 1763 fertiggestellt, schon vielen Zwecken diente: Telegrafenstation, offizieller Zeitgeber für die Stadt, Wegweiser für die ankommenden Schiffe, immer wieder mal Drehort. Und von so manchem Gläubigen als mahnender Zeigefinger gefürchtet.

Der schmale Eingang der dazugehörigen Kirche liegt an der Seite. Es fehlt ein großes Portal, ein Erfordernis der Topografie. Das ovale Kirchenschiff versprüht mondäne Leichtigkeit, hineingesetzt vom italienischen Barockbaumeister Nicolau Nasoni, der in Porto seine zweite Heimat gefunden hatte. Seitlich des Altarraums hat er sich selbst seine letzte Ruhestätte geschaffen. Gar nicht so schlecht, fällt sein ewiger Blick doch auf eine freundliche Jungfrau Maria, die auf dem treppenartigen Hauptaltar einer leichtfüßigen Tänzerin ähnelt.

Mal nicht im Widerspruch – graniten und zugleich fein ziseliert ragt der Torre dos Clérigos spitz in den Portuenser Himmel.

Park mit Geschichte

Auf der gegenüberliegenden Straßenseite eröffnet sich mit dem **Jardim da Cordoaria** 2 eine andere Welt. Die erste Grünanlage wurde 1865 vom deutschen Gartenbauarchitekten Émile David geschaffen. Inzwischen ist alles neu, entwurzelte doch ein gewaltiger Sturm 1941 die Bäume. Ebenso wenig ist vom Judenghetto am westlichen Abhang geblieben. Nach massenhafter Vertreibung und Zwangstaufe der Andersgläubigen wurde es 1496 nicht mehr gebraucht. Daneben stand seit dem 15. Jh. die Seilerei, im Portugiesischen *cordoaria,* in der Schiffstaue gedreht wurden.

INFOS/ÖFFNUNGSZEITEN

Igreja und Torre dos Clérigos 1: Rua S. Filipe de Nery, tgl. 9–19 Uhr, Eintritt zur Kirche frei, Turm 5 € (inkl. kleinem Museum), mit Porto Card 2,50 €
Igreja do Carmo 3: Rua do Carmo, Mo, Mi 8–12,13–18, Di, Do 9–18, Sa 9–16, So 9–13.30 Uhr, Eintritt frei
Igreja dos Carmelitas 4: Rua do Carmo, Mo–Fr 7.30–19, Sa/So 9–18.45 Uhr, Eintritt frei

Buchhandlung Lello 1: Rua das Carmelitas 144, www.livrarialello.pt, tgl. 9.30–20 Uhr, Eintritt (4 €, ohne Warteschlange online 5 €) wird mit Buchkäufen verrechnet.

ZUM CHILLEN

Lassen Sie sich anstecken von der Fröhlichkeit der 13 Bronzegestalten im chinesischen Look. Am westlichen Rand des **Jardim da Cordoaria** 2 hocken sie. Und lachen, kaum können sie sich auf ihren vier unterschiedlich hohen Bänken halten. Schier kippen sie um, so sehr scheint es sie zu schütteln.

FUNDSTÜCKE

Das erwartet wohl niemand. Hinter dem gesichtslosen Hauseingang an der Praça Carlos Alberto 128-A versteckt sich eine mächtige Steintreppe, die durch ein Portal in einen **Buchladen** führt. In den Geschäftsräumen der **Kulturkooperative UNICEPE** 5 setzt sich der ausschweifende Baustil des frühen Bürgertums fort (Mo–Fr 10–19, Sa 10.30–13 Uhr).

Cityplan: Karte 2, B 1/2 | **Tram** 18, 22, **Bus** 201, 202

Außen blau, innen golden

Hinter dem klassizistischen Universitätsgebäude, heute Sitz der Verwaltung, erhebt sich eine ungewöhnliche Doppelkirche. Da fällt zunächst das großflächige Kachelpaneel ins Auge, das seit 1912 die seitliche Außenfassade der **Igreja do Carmo** 3 ziert. Es zeigt die Versammlung der Christen auf dem Berg Karmel, dem Stammsitz der Karmeliter. Der Innenraum aus dem späten 18. Jh. ist mit einigem Gold verziert. Einen ganz ähnlichen Eindruck hinterlässt das angeschlossene **Gotteshaus der Barfüßigen Karmeliter** 4, 1628 fertiggestellt, auch wenn sein Inneres noch prunkvoller ausgestattet ist.

Zum Tempel des Buches

Nur ein paar Schritte in Richtung Stadtzentrum erhebt sich die **Buchhandlung Lello** 1. Eröffnet

1906 und an der hellen Art-déco-Fassade zu erkennen – und häufig auch an der Schlange der täglich bis zu 3000 Neugierigen, die auf Eintritt warten. Es lohnt sich. Die Holzregale voller Druckwerke reichen bis unter das Gewölbe, Büsten portugiesischer Dichter halten Wacht. Eine schwungvoll gewundene Holztreppe, ausgelegt mit rotem Teppich, verbindet drei Etagen. Sie war wohl Vorbild für das Stiegenhaus in Harry Potters Zauberschule, lebte doch deren geistige Schöpferin, J. K. Rowling, zur Entstehungszeit des ersten Romans in Porto.

Galerias de Paris

Ein etwas zu großspuriger Name. Geplant war eine Glasüberdachung ähnlich dem französischen Vorbild, doch daraus wurde aus Kostengründen nichts. Lange ein Aschenputteldasein führend, hat sich die Straße mittlerweile zu einem der Spots des Portuenser Nachtlebens gemausert. Das stellt vielleicht sogar Paris in den Schatten. Wie wohl auch der herrlich nostalgische Laden **A Vida Portuguesa** 2 in der Parallelstraße **Cândido dos Reis,** der alte portugiesische Markenartikel im Sortiment führt (▶ S. 101).

Auch hier sammeln sich Bars und bemerkenswerte Hausfassaden in einem glänzenden Anzug aus Kacheln. Blau-weiß würdigt die Biblioteca Musical in Nr. 117 die Komponisten Beethoven und Wagner. Rote Rosen umranken die verspielten Fensterrahmen des Hauses 75–79.

UM DIE ECKE

Zwei Fußminuten nördlich der Karmeliterkirche befindet sich die **Praça de Carlos Alberto.** Namensgeber war der sardische König Karl Albert, der nach 1849 emigrieren musste und für seinen Lebensabend Porto erwählte. Keine schlechte Entscheidung. Er wohnte eine Zeitlang im Palast an der Stirnseite. Drumherum laden zahlreiche Cafés und Restaurants zu einer Pause, oft mit alternativer Küche. Nach Norden führt die hübsche Fußgängerzone **Rua de Cedofeita** zur Straße der Kunstgalerien, die sich am Ende der **Rua Miguel Bombarda** sammeln – ein Mekka für Liebhaber moderner Malerei.

L LIEBE

Camilo Castelo Branco hat den Stoff für viele Liebesfilme geliefert. Zum Schreiben hatte er Zeit, im Gefängnis hinter dem Jardim da Cordoaria. Unsterblich war der Schwerenöter in Ana Plácido verliebt. Diese heiratete 1850 einen anderen Mann, doch das tat ihrer Hinwendung zu Camilo keinen Abbruch. Und so brannten sie einige Jahre später gemeinsam durch. Nachdem man sie erwischte, wurde sie wegen Ehebruchs und er wegen Entführung in eben jenen Karzer gesteckt, dessen Mauern heute das **Portugiesische Zentrum für Fotografie** 6 beherbergen (http://cpf.pt, wechselnde Öffnungszeiten, Eintritt frei).

Kontrastprogramm zu güldenem Prunk und blau-weißer Kachelkunst: Street-Art auf der Rua Miguel Bombarda

6

Ein nostalgischer Einkaufsbummel – **Bolhão**

Ein Biotop aus romantischen Fachgeschäften gedeiht in Portos Unterstadt, schon seit rund zwei Jahrhunderten. Die Einrichtung so mancher Läden scheint ebenso antik. Oft sind sie winzig. Das schützt vor dem Zugriff der Modeketten, für diese reicht die Verkaufsfläche einfach nicht. Umso schöner für die treue und die neue Kundschaft. Vielleicht gehören Sie auch bald dazu?

Im Zentrum von Bolhão steht die zweistöckige Markthalle an der Rua Formosa. Als der **Mercado do Bolhão** errichtet wurde, 1850 war das wohl, erstreckte sich hier noch eine weite Wiese, von einem Bach durchflossen, der unterirdisch eine große Wasserblase (port.: *bolha*) geschaffen hatte. So bekam der auf dem Gelände errichtete Markt schnell seinen Namen.

Die bunten Stände sollen nach der Renovierung in Portos schönste Markthalle zurückkehren.

Er befand sich jahrelang in traurigem Zustand, doch nach aufwendiger Sanierung soll die Halle ab Frühjahr 2020 in neuem Glanze erstrahlen.

Ein Hingucker ist auch die Fassade der **Pérola do Bolhão** 2 (Rua Formosa 270), zu Deutsch ›Perle von Bolhão‹, schräg gegenüber. Auf Kacheln gebrannte und von Blumen umrankte Frauengestalten an der Schaufensterumrahmung gehören zu den attraktivsten Fotomotiven in Porto und wollen mit ihrer Schönheit zum Kauf von Räucherwürsten, Bergkäse und Stockfisch verführen. Seit 1917.

Das Auge isst mit, und die Spezereien im Pérola do Bolhão sind wirklich spitze.

Ebenso urtypisch portugiesisch blieb um die Ecke in der Rua da Sá Bandeira 348 die **Casa Januário** 3, die seit 1926 exotische Gewürze feilbietet: Zimt, Safran, gemahlenen Knoblauch, Kardamon, Muskatnuss …

Naschereien und mehr

Um die Gesundheit der Kunden kümmern sich die Angestellten der **Pretinho do Japão** 4, 1947 eröffnet, 2015 renoviert, hinter der nächsten Straßenkreuzung in Haus 430. Unzählige Kräu-

INFOS/ÖFFNUNGSZEITEN

Mercado do Bolhão 1: Rua Formosa o. Nr., Wiedereröffnung für Mitte 2020 geplant.
Geschäftszeiten 2–9: Mo–Sa 10–19 Uhr

KULINARISCHES FÜR ZWISCHENDRIN

Miniaturas doces sind eine Spezialität, klösterliche Süßspeisen im Kleinformat, gereicht im Spiegelsaal der **Confeitaria do Bolhão** 1. Seit 1896 täglich frisch. Genau wie die herzhaften Snacks, die es an der Theke auch zum Mitnehmen gibt (Rua Formosa 339, www.confeitariadobolhao.com, Mo–Sa 6–20 Uhr).

GLOCKENKLÄNGE

Ein kurzes Straßenkonzert gefällig? 18 Glocken lassen um 9, 12, 15, 18 und manchmal noch um 21 Uhr Bachs »H-Moll-Orchestersuite« erklingen. Und zu gegebenem Anlass auch mal »Oh Du Fröhliche«. Wo? Am **Eckhaus** 2 Rua de Santa Catarina 73.

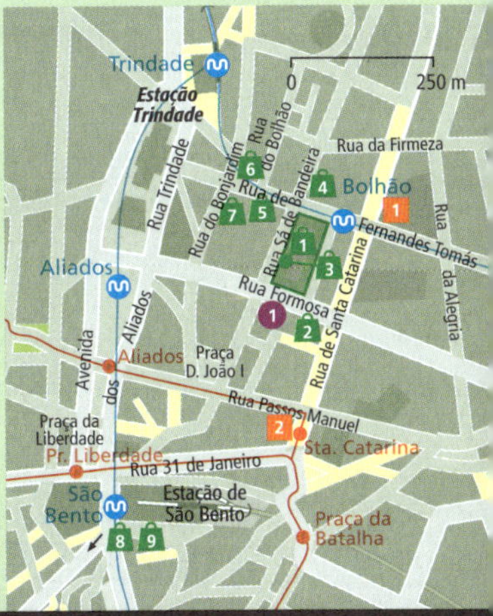

terteemischungen für freies Atmen, bessere Durchblutung, Regulierung des Blutdrucks halten sie bereit. Oder Trockenobst für die Verdauung. Und sie geben Tipps zu bekömmlicher Ernährung. Dazu passen freilich nicht ganz die kandierten Früchte und die süßen Bonbons. Der Wein vielleicht schon?

Apropos Bonbons. Glasbehälter sind in die lange Holztheke der **Favorita do Bolhão** 5 eingelassen, die 1934 in Nr. 785 der querenden Rua Fernandes Tomás eröffnet wurde. Darin liegen sauber getrennt die bunten Drops, daneben Walnüsse, Mandeln, Trockenobst. Weitere Spezialität ist der Apfelschaumwein Sidra Corrupia aus der nordportugiesischen Stadt Ponte de Lima.

Nach dem Süßen zum Salzigen. Seit 1925, so heißt's am Eingang, gibt es Stockfisch im **Feira do Bacalhau** 6 (Rua do Bonjardim 498). Aus Island und Norwegen, den wichtigsten Exportländern. Doch der feinste kommt aus Kanada. Und der salzigste aus England. In den Regalen stehen Bohnen und Trockenfrüchte. Zu trocken soll es aber auch nicht sein, also gehen zusätzlich Wasser, Bier und Wein und alles, was ein Tante-Emma-Laden so führt, über die Ladentheke.

Auch Haushaltswaren werden im Geviert gehandelt. Die Auslagen und Regale des Messergeschäfts **Casa de Guimarães** 7 (Rua do Bonjardim 464) aus den 1950er-Jahren versammeln alle nur erdenklichen Produkte mit Klinge: Neben Messern, Scheren, Metzgerhaken und Büchsenöffnern gibt es auch noch Putzmittel und Parfüms. Ein echter Kruschtelladen.

K
KORK

Madonna besitzt einen Regenschirm aus Kork, Angela Merkel eine Tasche. Jüngster portugiesischer Verkaufsschlager ist Mode aus dem Naturstoff, sogar Schuhe und Krawatten. Eigentlich unglaublich, doch die Baumrinde gibt sich, verarbeitet, geschmeidig. Haltbar und leicht ist sie sowieso. Teuer allerdings auch. Eine große Auswahl an Korkprodukten haben **Portosigns** 8 in der Rua Infante Dom Henrique 71 und der **Boutique Concept Store** 9 in der Rua Mouzinho da Silveira 288. Portugal ist übrigens der weltweit größte Korkproduzent, die Wahrscheinlichkeit, dass der Korken Ihrer Weinflasche hier produziert wurde, liegt bei über 50 %.

UM DIE ECKE

Nachmittags und abends ist kaum ein Durchkommen durch die **Rua de Santa Catarina,** Portos erste Fußgängerzone und attraktivste Einkaufsmeile, zumindest wenn es auch mal ein Einkaufszentrum oder ein Kettengeschäft von Benetton bis Zara sein darf. An der Kreuzung zur Rua de Fernandes Tomás fallen die großflächigen blau-weißen Kachelbilder der **Capela das Almas** 1 auf. Sie wurden im 20. Jh. gefertigt und zeigen Episoden aus dem Leben des Franz von Assisi und der hl. Katharina. Letztere wirkt in Porto als Schutzheilige der Schneiderinnen.

Bei einem Kaffee mit Harry Potter – **in der Baixa**

7

Oh, was für ein herrlicher Kaffee. Tiefschwarz und schön stark, das Wasser mit pfeifendem Geräusch aus der Maschine über die frisch gemahlenen Bohnen gepresst. Und dieses Gebäck dazu! Gar nicht mal sooo süß, gerade richtig. In einer der ehrwürdigen Portuenser Institutionen oder in einer ganz einfachen Pastelaria, die in keinem Stadtteil fehlen darf.

Ohne den *cafezinho* würden viele Stadtbewohner nicht durch den Tag kommen, ohne ihr Stammcafé wären sie heimatlos. Einen besseren Ort, um ins normale Leben einzutauchen, finden Sie wohl kaum. Am Morgen trinken die Büroangestellten im Anzug oder Kostüm noch

Portugiesische Belle Époque im Majestic: In solchem Ambiente dürfen die Preise mitteleuropäisch sein, oder?

eben den Frühstückskaffee. Gegen 11 Uhr halten ältere Frauen nach dem Einkauf einen kleinen Plausch. Dann erfolgt die Umwandlung in eine einfache Kneipe, wo es für gerade mal 6 € ein deftiges Tagesgericht gibt, meist gute Hausmannskost. Am Nachmittag folgen die älteren Herrschaften zum Gedankenaustausch, gerne über Politik und Fußball. Schüler und Studenten packen ihre Laptops auf den Tisch und brüten über dem Lehrstoff. Kurz vor Feierabend gegen 22 oder 23 Uhr bereiten schließlich die jungen Nachtschwärmer das Eintauchen ins Nachtleben vor, mit einem kleinen Kaffee oder schnell gezapften Bier.

Nomen est Omen

Der Name von Portugals vielleicht schönstem Kaffeehaus **Majestic** 1 in der Rua de Santa Catarina ist Programm. Bei seiner Gründung am 17. Dezember 1921 wurde es sogar ›Elite‹ getauft. Der Erste Weltkrieg war vorbei, und ähnlich wie in Berlin und Paris genoss die Portuenser Bohème das Leben in vollen Zügen im glamourösen Ambiente der Belle Époque. Die Wände zieren großflächige, holzgerahmte Spiegel, bekrönt von schwebenden Putten, die Decke ist mit Stuck verziert, Lüster spenden Licht, die Sitzgelegenheiten sind lederbezogen.

In den 1960er-Jahren folgte der Niedergang, parallel zum Abstieg des Landes zum Armenhaus unter der Last der Diktatur. Bis 1994 nach einer Renovierung der Glanz wiedererstrahlte. Und eine damals völlig unbekannte J. K. Rowling anlockte, die hier wohl die ersten Szenen für »Harry Potter« entwickelt hat. Die Preise sind allerdings gesalzen.

Die portugiesischen Pasteis de Nata, mit Sahnepudding gefüllt, traten von Lissabon aus ihren Siegeszug an. Lassen Sie sich Zimt dazu reichen!

Riesenauswahl

Schräg gegenüber lockt ein ähnlich wuchtiger Name. Der sich aber eher auf das imperiale Streben der Diktatur bezieht, wurde das **Império** 2 doch 1963 gegründet, gerade als die Unabhängigkeitskriege in den portugiesischen Kolonien ausgebrochen waren. Die Atmosphäre ist weniger anheimelnd, dafür entschädigen die Spezialitäten hinter der langen Theke. Zum Beispiel die *Bola de Berlim,* also Berliner oder Krapfen, die hier jedoch mit einer Crème aus Milch, Zucker,

Cityplan: Karte 2, B 1/2–D 2 | **Metro** Aliados, Bolhão, **Tram** 22, **Bus** 302

INFOS/ÖFFNUNGSZEITEN

Majestic ❶: Rua de Santa Catarina 112, T 222 00 38 87, www.cafemajestic.com, Mo–Sa 9–23.30 Uhr, kleiner Kaffee ca. 5 €

Império ❷: Rua de Santa Catarina 149, T 222 00 55 95, Mo–Sa 7.30–20.30 Uhr, kleiner Kaffee ca. 0,70 €

Guarany ❸: Avenida dos Aliados 85–89, T 223 32 12 72, www.cafeguarany.com, tgl. 9–24 Uhr, kleiner Kaffee ca. 1 €

Aviz ❹: Rua de Avis 27, T 222 00 45 75, Mo–Fr 8–24, Do 7–1, Sa 8–2 Uhr, kleiner Kaffee ca. 0,70 €

Piolho ❺: Praça de Parada Leitão, 43–51, T 222 00 37 49, www.facebook.com/cafepiolho, Mo–Sa 7–4 Uhr, kleiner Kaffee ca. 1 €

PORTWEIN, EISGEKÜHLT

50 leckere Sorten Speiseeis gibt es bei **Sincelo ❽** in der Rua de Ceuta 54; der Laden existiert schon seit rund vier Jahrzehnten. Und – wie sollte es in dieser Stadt anders sein – steht sogar Portwein-Eis zur Auswahl (www.gelatariasincelo.com, Di–Fr 13.30–24, Sa/So 14–24 Uhr).

Mehl und Eiern gefüllt sind. Oder die *Especialidade Império,* eine Eier-Mandelcreme in Blätterteigrolle, bestäubt mit Puderzucker.

Auf die Indios

Fünf Fußminuten die Rua de Passos Manuel hinab eröffnete 1933 das **Guarany ❸**. Die portugiesische Society gefiel sich in einer Schwärmerei für südamerikanische Indios. Und da passte der Name perfekt, sind die Guarani doch ein Indianerstamm, der auf dem heutigen Staatsgebiet Paraguays lebt. Jesuiten hatten ihn vor der Vernichtung durch die spanischen Eroberer gerettet, indem sie 1610 das weltweit erste Indianerreservat einrichteten. Inzwischen wird das Café von modernen Wandbildern der nordportugiesischen Künstlerin Graça Morais geschmückt. Zum Programm gehören Klavierkonzerte, Fado und kubanische Rhythmen live.

K
KAFFEE

Zwei Sorten von Kaffeebohnen gibt es. Arabica mit weniger Koffein ist für's Aroma zuständig, für die Power sorgt die Robusta. Letztere bevorzugen die Portugiesen. Ihr *café* ist der kleine Schwarze, für den heißes Wasser mit einem Druck von 9 bis 10 Atü durch ein Sieb mit feingemahlenen Kaffeebohnen in die Tasse träufelt. Bei einem *café cheia* ist die Tasse randvoll mit Wasser gefüllt. *Abatanado* ist ein großer Kaffee mit viel Wasser, ähnlich dem mitteleuropäischen Kaffee. *Café com leite* oder *meia de leite* ist Milchkaffee in einer normal großen Tasse, *café pingado* der kleine Schwarze mit einem Schuss Milch, *garoto* mit viel Milch. *Galão* ist der Milchkaffee im Glas, ähnlich der Latte Macchiato.

Für Billiardspieler

In der schmalen Rua de Avis versteckt sich das **Aviz** ❹. Romantik ist anders, aber so herrlich altbacken sind die Einrichtung, die Kellner und auch so manche Gäste! Zu denen sich viele Studenten gesellen, um die Hausspezialität *francesinhas* zu kosten und ein Spielchen am Billardtisch zu wagen. Und den Geist Portos der letzten Jahrzehnte aufleben zu lassen. In den 1950er-Jahren ähnelten sich alle Kaffeehäuser: dunkles Mobiliar in großer Halle. Auch die livrierten Kellner sind fester Bestandteil des Inventars. Die bessere Gesellschaft bevorzugte damals allerdings Tee.

Bei der Laus

Treff von Studenten und Akademikern ist das **Piolho** ❺ im Park vor der Uni schon seit 1909. Aber Stopp! Da steht doch »Café D'Ouro« über dem Eingang, verziert mit einem Anker. Und so lautet wirklich der offizielle Name, noch genauer: Café Âncora d'Ouro, Goldener Anker. Und Piolho? Heißt ›Laus‹, und nur unter diesem Namen ist's bekannt. Und warum? So genau weiß das niemand.

Aber es gibt eine einigermaßen schlüssige These: Immer wieder gesellen sich die Lehrkräfte zu den Studierenden. Wie es die portugiesische akademische Tradition verlangt, ist der Umgang sehr förmlich. Doch hinter dem Rücken wird getuschelt, über das eine oder andere Ereignis gelästert und schon mal von der *piolheira* geredet, einer lausigen Sache. Davon unberührt würdigen die Besucher mit Dankessprüchen und Schüttelreimen auf Wandtafeln die gastronomische Alma Mater.

→ UM DIE ECKE

Die heutige **Praça de Guilherme Gomes Fernandes** hieß einst nur Praça do Pão, Platz des Brotes. Er war von den Verkaufszelten der heimischen Bäcker gesäumt. Schon seit 1878 bilden sich oftmals Schlangen vor der **Padaria Ribeiro** ❻, Hausnr. 21–27, mit Terrasse (Mo–Sa 7–20 Uhr). Nebenan in Nr. 47 bietet die **Leitaria da Quinta do Paço** ❼ eine enorme Auswahl an Eclairs, etwa mit Waldfrüchten oder Maracuja, und Sandwiches (tgl. 9–20 Uhr).

Streifzug durch die Szene – **Nightlife in den Galerias de Paris**

8

Sehr flexibel gibt sich die Szene in Porto. Derzeit trifft sie sich in der Baixa. An so manchen Wochenenden wird die Rua da Galeria de Paris für den Verkehr gesperrt, es passt schlichtweg kein Auto zwischen die Feiernden. Bis sich die Ausgehfreudigen also neue Spots suchen, ist die Unterstadt der erste Ort zum Feiern in der Nacht.

Vielleicht erst einmal eine kleine Stärkung gefällig? Da zieht's die Jüngeren ins **Café Santiago** 1 in der Rua de Passos Manuel auf eine *francesinha,* die schon mehrfach zur besten von Porto gewählt wurde. Ihr kräftiger Fettanteil absorbiert locker die ersten alkoholischen Getränke. Dann gäbe es auch

Das passt. La Bohème wie auch das Café au Lait haben sich Namen gegeben, die sich gut in die Galerias de Paris fügen.

noch die simple Kneipe **Casa Guedes** 2 an der angrenzenden Praça dos Poveiros. Sie soll die besten Sandwiches mit Schweinsbraten bieten, der nach einem geheimen brasilianischen Rezept gebacken und in warmem Brot gereicht wird. Dazu wird Vinho Espadal, ein erfrischender Vinho Verde Rosé aus der Espadeiro-Traube getrunken.

Wer den Abend alternativ angehen möchte, beginnt dagegen im **Maus Hábitos** 3, schon seit 2001 der Platzhirsch. Ausstellungen, Konzerte oder Tanz gibt's hier über den Dächern von Porto. Und kleine Speisen, auch Vegetarisches.

INFOS/ÖFFNUNGSZEITEN

Café Santiago 1: Rua de Passos Manuel 226, T 220 41 78 80, www.caferestaurantesantiago.com.pt, Mo–Sa 11–23 Uhr

Casa Guedes 2: Praça dos Poveiros 130, T 222 00 28 74, Mo–Sa 10–24, So 10–17 Uhr

Maus Hábitos 3: Rua de Passos Manuel 178, 4. Stock, T 222 08 72 68, www.maushabitos.com, Di–Sa 12 bis mind. 24, So bis 17 Uhr

Café au Lait 4: Rua da Galeria de Paris 46, T 222 02 50 16, www.facebook.com/aulait.cafe, Di–Sa 22–4 Uhr

HD Bar To Be Wild 5: Rua da Galeria de Paris 113, T 222 03 25 14, www.facebook.com/hdbartobewild, Di–Do 12–2, Fr 12–4, Sa 19–4, So 19–2 Uhr

Alma 6: Rua da Galeria de Paris 75, www.facebook.com/alma75porto, Do–Sa 17–2 Uhr

Tendinha dos Clérigos 7: Rua Conde Vizela, 80, T 222 01 14 38, www.facebook.com/tendinhadosclerigos, Mi–Sa 0–6 Uhr

Gare Clube 8: Rua da Madeira 182, www.facebook.com/gareporto, Mi, Fr/Sa 0–8 Uhr

COCKTAILS ZWISCHEN BÜCHERN

Bücher, Bücher, Bücher – zu entdecken in der Rua da Galeria de Paris 85 in den Wandregalen der einstigen Buchhandlung **Casa do Livro** 9, die mittlerweile alle möglichen Cocktails kredenzt und Konzerte von Jazz bis Soul veranstaltet (www.facebook.com/casadolivroporto, So–Do 21–3, Fr/Sa 21–4 Uhr).

Cityplan: Karte 2, B–D 1/2 | **Metro** Bolhão, Aliados, São Bento, **Tram** 22

Keine Angst vor dem bescheidenen Eingang an einer Autowerkstatt und dem etwas rumpeligen Industrieaufzug in die Räume der Kulturgruppe im 4. Stock.

Bars mit Besonderheiten

Jetzt wird's Zeit für einen kleinen Spaziergang in die Galerien von Paris. Keine Sorge, es sind nur ein paar Schritte, denn sie befinden sich mitten in Porto. Viele Bars und Restaurants präsentieren sich in fantasielosem Einheitslook, unter dem sich freilich so manche Perle versteckt. Etwa das **Café au Lait** 4, tagsüber Café, nachts sehr aktiver Musikclub mit zahlreichen Konzerten, oft Deep House, House, Drums & Bass.

Etwas speziell sticht die **HD Bar To Be Wild** 5 heraus. HD steht für Harley Davidson, und seit dem Tod ihres Sängers Lenny Kilmister dröhnt noch mehr Motörhead aus den Boxen. Natürlich fehlt auch ein Motorrad nicht in der Dekoration. Einen fast schon legendären Ruf genießen die Mojitos mit Pfirsich und Ingwer der Bar und Diskothek **Alma** 6, die an Sommernachmittagen auf der Terrasse gereicht werden. Die Musik ist alternativ angehaucht.

Für ausdauernde Nachtschwärmer

Nach Mitternacht ist um die Ecke das **Tendinha dos Clérigos** 7 angesagt, das sich ab 23.59 Uhr mit (Alternativ-)Rock Richtung Blur in hoher Lautstärke füllt. Ab 4 Uhr, wenn die umliegenden Bars schließen, wird's richtig voll. Dann ist aber auch im **Gare Clube** 8 nahe dem Bahnhof São Bento viel los. Unter Granitbögen dröhnen House und Dance vom Plattenteller oder werden live dem tanzenden Publikum zu Gehör gebracht.

UM DIE ECKE

Das Zentrum des schwulen Nachtlebens ist ca. 1 km weiter am nördlichen Ende der Rua Bonjardim. In der **Pride Bar** (10 Nr. 1121) und im **Pride Coffee** 11 um die Ecke an der Praça Marquês de Pombal 13 sind auch Lesben gerne gesehen. In der Baixa erfreut sich das **Café Lusitano** 12 in der Rua de José Falcão 137 zunehmend bei Heteros großer Beliebtheit. Und in der Beco de Passos Manuel 40 lockt Portos größte Schwulendisco **Zoom** 13 ihr Publikum.

Ü
ÜBRIGENS

An allen Ecken in Porto schießen Tapasbars aus dem Boden, ein Import aus Spanien. *Petisco* heißt das einheimische Gegenstück zur Tapa, gereicht als Appetitanreger vor einer Hauptmahlzeit oder im Café als salzige Alternative. Beliebt sind etwa Kroketten aus Stockfisch *(pastéis de bacalhau)* oder Garnelen im Teigmantel *(rissóis de camarão)*. Auch die Sangria ist ein Modegetränk, das aus Spanien herüberschwappte und jungen Portugiesen schmeckt.

9

Portos goldener Reichtum – **an der Rua do Infante**

Da haben sich Portuenser Bürger und Adel ihr eigenes Grab geschaufelt, doch das ging ziemlich daneben – das reichlich gruselige Ergebnis ist bis heute zu sehen. Inmitten von Prunk und Pracht, welche sie seit jeher gern zur Schau stellten: vom Mittelalter bis zur Gegenwart, vom goldenen Gotteshaus bis zum pompösen Börsenpalast.

25 000 kg! So viel Gold kam alleine im Jahr 1720 aus der Kolonie Brasilien ins Mutterland. Und 600 000 Portugiesen wanderten um diese Zeit nach Südamerika aus. Goldrausch dort, ökonomischer Aufschwung und Entfaltung des Barocks hier. Hervorstechendes Stilelement bildeten vergoldete Holzschnitzereien, die *talha dourada*.

Der goldene Schein trügt: Portos Börsenpalast ist reine Angeberei zur Geschäftsankurbelung.

Ein goldenes Gotteshaus

Topp zu bewundern ist das in der **Igreja de São Francisco** 1, deren Kirchenschiff komplett in Gold glänzt. Dabei war der Auftakt ganz schlicht, wegen des angespannten Verhältnisses von weltlicher und geistiger Macht. Da lagen die Bürger mit dem Bischof in Streit wegen hoher kirchlicher Abgaben für seinen ausschweifenden Lebensstil. Für ihre eigenen Zwecke luden sie 1232 den Bettelorden der Franziskaner ein, der ein frommes Christenleben in Demut predigte. Ohne die erforderliche bischöfliche Genehmigung errichteten sie ein Kloster. Den folgenden Rechtsstreit schlichtete der Papst. Und die dazu gehörige streng gotische Kirche wurde erst 1410 fertig.

Deren Komplettvergoldung erfolgte im 18. Jh., als auch die zwei riesigen Schnitzaltäre eingebaut wurden. Der eine, auf der rechten Seite, zeigt in naturalistischen Details das Martyrium von fünf Franziskanermönchen, wie sie in Marokko von missionierungsunwilligen Arabern massakriert werden. Grausam, einer hält gar den abgeschlagenen Kopf in Händen. Gegenüber wächst der Stammbaum Christi aus dem Leib Jesses. In zwölf Bildern werden die jüdischen Könige gezeigt, gekrönt von Maria mit dem Kinde.

Katakomben und Knochengrab

Finanziert wurde all der Prunk von Patrizierfamilien, auch um einer gar schrecklichen Schmach zu entgehen: Mit Einführung öffentlicher Friedhöfe 1835 sollten sie plötzlich Seit' an Seit' mit dem Pöbel bestattet werden. Durch ihre Spenden erkauften sie sich das Recht auf eine Ruhestätte im ehemaligen Kloster. Und wie das alles endete, können Sie im angeschlossenen **Museum** bestaunen. Im Ossário liegen die Knochen wild durcheinander, von Vornehmheit ist hier so gar nichts mehr zu spüren.

Mehr Schein als Sein: Palácio da Bolsa

Und dann ist er doch wieder da, der bourgeoise Hochmut. Auf den Ruinen des Franziskanerklosters wurde der **Börsenpalast** 2 gebaut. Zwischen 1834 und 1910! Ganz aus Granit. Allein in der gigantischen Treppe stecken 40 Jahre an Arbeit. Sie führt vom lichten Innenhof Pátio das Nações zu den Sälen. Trotz des Prunks: Der künstlerische

E
EIFFEL

Ohne Portugal kein Eiffelturm? Das erste Büro des berühmten Baumeisters Gustave Eiffel können Sie jedenfalls in Portos **Börsenpalast** bewundern. Die **Ponte Maria I** machte Eiffel schlagartig in Europa berühmt, die Grenzen der Schwerkraft schienen überwunden. Die folgenden Jahre schufen Eiffel und seine Mitarbeiter: Eine Brücke in Viana do Castelo, Markthallen aus Glas und Stahl im ganzen Land, den Lissabonner Bahnhof Alcantâra-Terra, ja wohl sogar den Sitz des Gouverneurs der damaligen Kolonie Mosambik, Casa do Ferro (dt. Eisen) genannt, denn er bestand aus Eisenplatten. 1902 folgte der Höhepunkt im wahrsten Sinne des Wortes: der Aufzug Santa Justa in Lissabon.

Wert ist eher bescheiden. Und dennoch mag einem der Mund manchmal offen bleiben.

Etwa in der **Sala das Assembleias Gerais,** auch hölzerner Saal genannt. Eine Illusion, denn hier ist so gut wie nichts, was es scheint. Das vermeintliche Holz ist Gips! Einschließlich des Wappens. Nur die Lampe ist aus Bronze gefertigt und wiegt rund eine Tonne. Ebenfalls aus Gips ist die Decke der **Sala Dourada,** die mit reinem Blattgold verziert ist. In der **Sala dos Retratos** sind die Bilder der letzten portugiesischen Könige gehängt, spannender ist allerdings der perspektivisch wirkende Fußboden. Die Herstellung des Tisches benötigte drei Jahre.

Und dann ist da noch der **Arabische Saal.** Reine Angeberei, die Handelspartner sollten so richtig beeindruckt werden. Die Alhambra von Granada lieferte das Vorbild. Herausgekommen ist freilich ein romantisierender Zuckerbäckerstil,

INFOS/ÖFFNUNGSZEITEN

Igreja de São Francisco 1: Rua do Infante Dom Henrique, T 222 06 21 25, www.ordemsaofrancisco.pt, Juli–Sept. 9–20, Mai/Juni, Okt. 9–19, Nov.–März 9–17.30 Uhr, Eintritt 5 €, 25 % Nachlass mit Porto Card.

Palácio da Bolsa 2: Rua Ferreira Borges, T 223 39 90 00, www.palaciodabolsa.pt, April–Okt. tgl. 9–18.30, sonst 9–13, 14–17.30 Uhr, Besuch nur mit Führung jeweils zur halben Stunde, Eintritt 10 €, Studenten und über 65 J. 6,50 €, Porto Card 50 % Ermäßigung

KULINARISCHES FÜR ZWISCHENDRIN

Im portugiesischen **Weininstitut,** eintrittsfrei zugänglich im Börsenpalast, können Sie portugiesische Weine gegen eine geringe Gebühr probieren (Di–Sa 11–19 Uhr). Und im **Visit Tasting & Shop** neben dem Palácio bietet das Portwein-Institut viele Informationen zum süßen Getränk (Mo–Fr 11–19 Uhr).

CHILLEN UND MEHR

Einmal am Fluss entlang zur Mündung und zurück! Die historische **Straßenbahn 1** fährt direkt unterhalb der Kirche los (tgl. 9–19 Uhr, Fahrpreis 3,50 € einfache Strecke, Tickets in der Tram).

FUNDSTÜCKE

Oliva & Co 1 in der Rua Ferreira Borges 60 widmet sich der portugiesischen Olive und was aus ihr gemacht wird. Öle, dazu Konserven, Seifen, Gebäck mit Olivenöl, Tee aus den Blättern des Baumes (www.facebook.com/OlivaeCo, Mo–Sa 10–19, So 10–18 Uhr).

Cityplan: Karte 2, B 3 | **Bus** 202, 500, 900, 901, **Tram** 1

Die Elétrico von Porto war Vorreiter des öffentlichen Nahverkehrs auf der Iberischen Halbinsel. Eingeführt 1905, zehn Jahre vor Lissabon. Romantisch gondelt die E 1 von der Igreja de São Francisco ans Meer.

auch wenn der Fußboden aus edlem Mahagoni-, Jakaranda-, Seiden- und Rosenholz zusammengefügt ist.

Kultur statt Fischhandel

In der gegenüberliegenden roten Halle, dem **Mercado Ferreira Borges**, war ursprünglich an Geschäfte mit Fischen statt mit Wertpapieren gedacht. 1885 eröffnete der Markt, um Schluss zu machen mit dem unhygienischen Handel am Ufer des Douro. Doch die Fischverkäuferinnen wollten nicht von ihren angestammten Plätzen weichen, und auch die Kunden blieben ihnen dort treu. Also zog ein Großmarkt in die Konstruktion aus Glas und Eisen, die typisch ist für jene Zeit. Inzwischen bringt der **Hard Club** 1 (▶ S. 106) in den Räumlichkeiten ein anspruchsvolles Musikprogramm zu Gehör und veranstaltet Bio- oder Flohmärkte.

UM DIE ECKE

Eine Statue unterhalb der Markthalle würdigt den großen Sohn der Stadt, den fünften Sohn der Dona Filipa von Lancaster und des Königs João I. von Portugal. Seine Geburtsstätte war ziemlich sicher die **Casa do Infante** 3 in der schmalen Rua da Alfândega 10, am 4. März 1394. Bereits 1325 wurde das Haus als königliches Gäste- und Lagerhaus eingeweiht und diente zudem als Münze und Zollamt. Mittlerweile gibt hier ein interaktives Museum plastische Einblicke in die Stadtentwicklung, auch anhand eines maßstabsgetreuen Modells des mittelalterlichen Porto (Di–So 10–13, 14–17 Uhr, Eintritt 2,20 €, unter 14- und über 65-Jährige sowie Sa/So für alle frei).

10

Im mal bunten, mal schummerigen Hafenviertel – **Ribeira**

Schmal wachsen die Häuser in luftige Höhen, oft nur 6 m breit, aber bis zu sieben Stockwerke hoch. So stehen sie schon seit dem 16. Jh. In fröhliche Farben getaucht, rot, grün, blau, ockergelb. Das allerdings ist eine jüngere Errungenschaft. Kalkfarbe mit Pigmenten vermischt für die Fassaden, mithilfe traditioneller Techniken aufgetragen, und Leinöl für die Fensterrahmen.

Alltagsleben auf engstem Raum: Nicht nur die Häuser, sondern auch die Gässchen des alten Hafenviertels sind meist sehr schmal.

Das Bauen der Häuser klappte einst nur schmal, denn Holzbalken für die Zwischendecken durften aus statischen Gründen kaum mehr als 6 m messen. Die Höhe war da kein Problem, und nach hinten raus ging's durchschnittlich 20 m. Dahinter folgte ein Innenhof mit Baracken.

Im Herzen des Viertels

Die **Praça da Ribeira** 1 bildet den Mittelpunkt des pittoresken Hafenviertels. Und das schon seit dem Mittelalter, als die Waren von den Schiffen per Ochsenkarren hügelaufwärts ins Zentrum transportiert wurden. Die Tiere labten sich an einer Quelle. An deren Stelle balanciert mittlerweile ein brauner Würfel auf einer Spitze, im Volksmund *Cubo da Ribeira* geheißen.

Vor 300 Jahren fielen die ursprünglichen flachen Fischerhäuschen der Spitzhacke zum Opfer, ein repräsentatives Eingangstor zur wohlhabenden Handelsstadt sollte her. Initiatoren waren englische Portweinhändler. Sie hatten aber wohl nicht einen solch' kuriosen Johannes den Täufer erwartet, der seit dem Jahre 2000 das bunte Treiben in den Terrassencafés überwacht. Seine **Statue** steht in einer Wandnische an der Stirnseite des Platzes und gleicht eher einem Hippie mit Schaffell als einem ehrwürdigen Stadtheiligen.

Zuerst nach Westen

Die Ribeira lässt sich schön auf einer imaginären Acht durchstreifen. Dazu geht's zunächst einmal auf dem **Cais da Estiva** am Douro flussabwärts. Das **Stadttor** 2 rechts liegt eigentümlicherweise unter dem Wasserspiegel. Das erforderte immerwährende Wachsamkeit der Anwohner in den hinteren Gassen. Denn schwappte der Fluss bei hohem Wasserstand über die Begrenzung, war blitzschnelle Flucht angeraten. Dabei half die Treppe am Eisensteg wenige Meter dahinter.

Jetzt ist es Zeit, selbst etwas an Höhe zu gewinnen. Der schmale Mauergang **Muro dos Bacalhoeiros** setzt sich oberhalb des Flusses fort. Ein toller Hauseingang in luftiger Höhe am Ende des Weges führt in ein höher gelegenes Stockwerk. Unter Glasfenstern sind prächtige Fantasievögel zwischen exotischen Pflanzen in Kacheln gebrannt.

Die Rua da Reboleira entlang

Die heute eher triste Gasse zurück Richtung Praça da Ribeira war einst Wohnort wohlhabender Bürger. Sie schufen sich vor 600 Jahren solch schmucke **Wohntürme** 3 wie den von Nr. 59. Im 19. Jh. beherbergte er Büros der Portweinhändler und das Hotel Inglès, nun ist ein Sozialtreff für ältere

B
BACALHAU

Vor der **Muro dos Bacalhoeiros** löschten einst die Kabeljaufischer ihre Ladung. Rund 6 kg des getrockneten und gesalzenen *bacalhau* verzehrt ein Portugiese durchschnittlich pro Jahr. Vor der Zubereitung wird der Fisch 12 bis 48 Stunden gewässert, danach 15 Minuten direkt unter dem Siedepunkt gezogen, um dann gegrillt, gekocht, gebraten oder überbacken zu werden. Die meiste Ware kommt aus Norwegen oder Island.

Hauptstadt der Street-Art, und das seit über 100 Jahren. Heute wird die Kunst auf die Wände gesprayt, damals wurde sie auf Ton gebrannt.

Anwohner eingezogen. Im Haus daneben, Nr. 55, blieben die alten gotischen Portale erhalten. Im 19. Jh. lebte hier der »Wolf der Reboleira«, ein außerordentlich reicher, zugleich extrem geiziger Händler. Sein Familienname lautete Wolf (port. *lobo*), seine Lieblingsbeschäftigung bestand im Zählen seines Bargeldes. Zugleich war er zerfressen von der Angst des Diebstahls. Mit sieben Schlössern schützte er die Gemäuer.

Haus Nr. 37 ist die Heimat des **Portweinmuseums** 4, das die Bedeutung des süßen Tropfens für die Stadt und somit auch manchen sozialen Aspekt beleuchtet.

Hinter dem **Largo do Terreiro** ändert die Straße ihren Namen und Charakter. Die **Rua da Fonte Taurina** scheint nur aus Restaurants, Ferienwohnungen und Hotels zu bestehen. Die früheren Bewohner blieben auf der Strecke, dafür sind die Häuser hübsch restauriert.

In die östliche Ribeira

Auch dieser Teil des Hafenviertels zeigt zwei Facetten, die gegensätzlicher kaum sein könnten. In die eher düstere Seite hinter dem Fluss führt von der nordöstlichen Seite der Praça da Ribeira ein schmaler Gang. Orientierungspunkt ist die Tafel mit Erklärungen zum Platz. Es mag scheinen, als ginge es nicht weiter, doch dann folgen links sechs Stufen aufwärts, und eine Gasse führt an der Rückseite des Restaurants Alzira vorbei. All diese Gässchen sind nur 1 bis 4 m breit und 20 bis 160 m lang. Im 19. Jh. lebten hier Hafenarbeiter, Matrosen, Marktfrauen in feuchten Wohnungen. Sie waren überbelegt, also wurde

Portuenser Studenten tragen in der Öffentlichkeit schon mal schwarze Umhänge, auf denen Abzeichen ihrer Fakultät aufgenäht sind. In die Uni geht's freilich in normaler Straßenkleidung.

Cityplan: Karte 2, B/C 3/4 | **Metro** São Bento, **Bus** 202, 500, 900, 901, **Tram** 1, **Funicular dos Guindais**

INFOS/ÖFFNUNGSZEITEN

Museu do Vinho do Porto 4: s. S. 79
Ascensor da Ribeira 6: Rua da Lada, Mo–Fr 8–20 Uhr, kostenlos
Funicular dos Guindais 7: Rua Gustavo Eiffel, Nov.–März So–Do 8–20, Fr/Sa 8–22, April–Okt. So–Do 8–22, Fr/Sa 8–24 Uhr, Fahrt 2,50 €

CHILLEN UND MEHR

Erst einmal müssen Sie einige Stufen überwinden, hinter dem ersten Haus rechts vom Funicular. In Nr. 43 der Escadas dos Guindais versteckt sich eine der schönsten Aussichtsterrassen über dem Fluss, bewirtschaftet vom **Fußballclub Guindalense** 2 (Mo–Sa 12–23 Uhr).

KULINARISCHES FÜR ZWISCHENDRIN

Etwas ruhiger geht's auf der Terrasse der **Bar & Bistro Heritage** 1 des Hotels Pestana westlich der Praça da Ribeira zu – mit ausgefallenen kleinen Speisen und viel Portwein (tgl. 10.30–24 Uhr).

FUNDSTÜCKE

Attraktion des **Quay Market** 1 an der Muro dos Bacalhoeiros 108 ist die Wine Quay Bar, kaum weniger interessant sind die eher alternativen Kunsthandwerksprodukte und aus dem Rahmen fallenden Souvenirs (Mo–Sa 16–23 Uhr).

aufgestockt, sichtbar an den Dachvorsprüngen aus Granit, auf die ein weiteres Geschoss gesetzt wurde. Dank der Initiative des Begründers der Architektenschule von Porto, Fernando Távora, wurde die heruntergekommene Bausubstanz von 1974 bis in die 1990er-Jahre unter Beibehaltung der Gebäudestrukturen saniert und den Bewohnern wieder zur Verfügung gestellt.

Die Escadinhas do Barredo führen zu einem der **ältesten Wohnhäuser Portos** 5 (Rua de Baixo 5). Die kleinen Fenster weisen trotz aller späteren Veränderungen darauf hin, dass der Ursprung im 13. Jh. liegt. Typisch für diese Zeit sind die steinernen Treppenaufgänge vor der Eingangstür.

Ü
ÜBRIGENS

AO DUQUE steht in großen Buchstaben am Kai auf dem **Denkmal** am Zugang zur Ponte Dom Luís I. Zu Ehren von Deocleciano Monteiro (1902–96). Das war der richtige Name eines falschen Grafen (port. *duque*). Denn blaues Blut floss keineswegs in seinen Adern. Geadelt wurde er für seine Hilfsbereitschaft. Schon mit elf Jahren barg er einen Fremden vor dem Ertrinken aus dem Douro. Von nun an betätigte er sich als Lebensretter und bewahrte wohl mehr als 50 Menschen vor dem Tod, darunter so manchen Selbstmordkandidaten. Allerdings musste er auch rund 500 Leichen aus den Fluten holen.

Per Aufzug und Standseilbahn hinauf

Weiter geht es nach Osten über den hübschen **Largo do Terreirinho** und rechts hinab durch die Travessa do Barredo. Die bald abzweigende Rua da Lada führt zum stählernen Aufzug **Ascensor da Ribeira** 6. Der Ausblick lohnt eine Fahrt zur oberen Plattform. Eine Kuriosität am Rande: In der Rua da Lada 132, hinter dem Restaurant Canastra, sind Hochwassermarkierungen angebracht. 1962 war's am schlimmsten, als die Höhe der Eingangstür erreicht wurde.

Heutzutage sind die Fluten durch Staustufen gebändigt, und so geht's nun gefahrlos hinab zum Fluss. Hinter der Brücke führt ein weiteres, 2004 runderneuertes Ungetüm in die oberen Stadtteile. Auf 281 m Länge, davon 90 m im Tunnel, überwindet der **Funicular dos Guindais** 7 61 Höhenmeter.

Zurück am Fluss

Bunt ist das Treiben am **Cais da Ribeira.** Ein Terrassenrestaurant neben dem anderen, meist von Touristen besucht. Aber vielleicht lohnt es sich, für diesen romantischen Blick ein bisschen weniger auf die Qualität des Essens zu schauen. An weniger friedliche Zeiten erinnert das Reliefbild *Alminhas da Ponte* (Kleine Seelen der Brücke) an Haus Nr. 20. Im März 1809 brach eine Schwimmbrücke zusammen, als die Bewohner Portos sich vor herannahenden napoleonischen Truppen auf die andere Flussseite retten wollten. Mehrere Tausend Menschen ertranken. Bis heute werden Gedenkkerzen angezündet.

UM DIE ECKE

Mensch und Natur einander nahebringen und die Stadt grüner gestalten! Dafür stellt die Stadt den Anwohnern kommunale Flächen für den privaten Gemüseanbau zur Verfügung. Schön zu sehen von der oberen **Plattform des Aufzugs von Lada.** Auf den terrassierten Parzellen von 10 m² Fläche blüht und gedeiht es prächtig. Weiteres Beispiel der etwas anderen Art: Im betonierten Hof der ehemaligen Grundschule in der **Rua dos Caldeireiros** werden mit Erde gefüllte Transportkisten bepflanzt. Einen Plan gibt's auf https://portoverde.wordpress.com/o-mapa.

Auf den Spuren der Seefahrer – **in Miragaia**

11

Krach. Bumm. Bäng. Nebel wabern. Drohend erhebt sich ein Seeungeheuer über das kleine Boot, mit dem die Besucher über den Atlantik schaukeln – der freilich etwas schmal geraten ist in dem Museum. Wer sich hier auf die Spuren Heinrich des Seefahrers begibt, erhält viele lebendige Blicke in das portugiesische Entdeckerherz, das in Porto zu schlagen begonnen hat.

Im Juli 1415 war das. Sommerliche Hitze flimmerte über der Stadt, als sich Prinz Heinrich mit rund 20 000 Soldaten und Seefahrern aufmachte, um Ceuta im Norden Afrikas zu erobern. Ein Großteil der 212 Schiffe war auf Werften genau an der Stelle konstruiert worden, an der sechs Jahrhunderte später das Museum **World of Discoveries** 1 seine Pforten öffnen sollte.

Wenn ein portugiesisches Entdeckermuseum mit so manch romantischer Verklärung aufwartet, dann ist das – verzeihlich?!

Schiffsbauingenieure aus Genua konstruierten auf Einladung König Dinis die portugiesische Karavelle.

Schiffe und Navigation

Im Mittelpunkt seines ersten Saals steht die Karavelle, ein wendiges Schiff mit geringem Tiefgang und hohem Heck. Sein Lateinersegel erlaubte das Kreuzen gegen den Wind und ermöglichte so die Fahrt auf hoher See. Doch das ging nicht ohne exakte Bestimmung des Standorts. Die Ausstellung zeigt Kompass und Astrolabium. Dieses astronomische Messgerät brachte es sogar zur königlichen Insigne. Und bildet heute das grafische Zentrum des Staatswappens.

Ü
ÜBRIGENS

Die Portugiesen haben praktisch die gesamte Welt entdeckt. 1419 Madeira, 1427 die Azoren, 1498 Indien, 1500 Brasilien, 1513 den Seeweg nach China, 1542 jenen nach Japan. Und von 1519 bis 1522 gelang Fernão de Magalhães (dt. Magellan) die erste Weltumsegelung. Mit der er mittelalterliches Gedankengut überwand und den Beweis erbrachte, dass die Erde eine Kugel ist. Aufregend beschrieben in Stefan Zweigs Roman »Magellan, der Mann und seine Tat« (Inselverlag).

Wissenschaftliche Aussichten

Der zweite Saal stellt die großen Helden auf See vor. Mittels Berührung eines interaktiven Globus können Sie selbst ermitteln, zu welcher Zeit welche Regionen der Erde für uns Europäer bekannt waren. Sie erfahren, wie die Landwirtschaft zu Zeiten der Seefahrten funktionierte, welche Gemüse angebaut, welche Tiere gehalten wurden. Beleuchtet wird die Auseinandersetzung darüber, ob die Erde nun eine Scheibe oder eine Kugel ist. Auch die schändliche Rolle der Inquisition wird nicht ausgespart.

Das Leben auf Deck

Überraschend klein waren die Schiffe auf der Indienroute damals, auf denen doch 200 Matrosen arbeiten, essen, schlafen sollten. Auf engen Hängematten lagen sie – abwechselnd. Während die eine Hälfte der Mannschaft ruhte, arbeitete die andere auf Deck. Doch trotz der Enge blieb Platz für ein Nashorn, das dort in seinem Käfig eingepfercht auf dem Weg nach Europa stand. Um schließlich als Modell für Dürers Holzschnitt »Rhinocerus« (1515) zu dienen. Übrigens bewiesen die Portugiesen so nebenbei, dass es sich um das stärkste Tier der Welt handelt. Denn sie ließen es gegen einen Elefanten antreten, der, sprichwörtlich weise, Reißaus nahm. Was ihm als Schwäche und Niederlage ausgelegt wurde.

Global Player Portugal

Wertvoller als wilde Tiere waren freilich die Spezereien aus Indien. Und was es da alles an Exotischem gab! Zimt, Kardamon, Muskatnuss, Nelken, Ingwer … Pfeffer war wertvoller als Gold, ihn erhielten adelige Bräute sogar als Aussteuer. Die Portugiesen beendeten das Handelsmonopol arabischer Kaufleute, die bis dahin den Landweg nach Europa kontrolliert hatten. Der Warenaustausch über See war einfacher und preiswerter. Mit dem Erlös aus einer einzigen Schiffsladung wurden die Kosten der langen Überfahrt einer ganzen Flotte und die Gefahren

INFOS/ÖFFNUNGSZEITEN

World of Discoveries 1: Rua de Miragaia 106, T 220 43 97 70, www.worldofdiscoveries.com, Mo–Fr 10–18, Sa/So 10–19 Uhr, Eintritt 14 €, 4- bis 12-Jährige 8 €, Studenten und über 65-Jährige 11 €, Nachlass bei Online-Bestellung

KULINARISCHES FÜR ZWISCHENDRIN

Meist Deftiges bringt die winzige **Taberna do Barqueiro** 1 in der Rua de Miragaia 124 auf den Tisch. Spitzenreiter ist die Schweinshaxe aus dem Ofen, auch Fisch findet sich zwischen den wenigen Tagesgerichten (T 937 69 17 32, mobil, www.facebook.com/tabernadobarqueiro/, tgl. 11–16, 18.30–23 Uhr, So u. Di abends geschl.).

FUNDSTÜCKE

Armazém 1 belebt das frühere Warenlager für Portweine mit Ausstellungen, Essen, Trinken, Büchern, Trödel, Workshops und Konzerten (Rua de Miragaia 93, www.facebook.com/armazem93, tgl. 11.30–20 Uhr).

WIE IM FLUG

Look at Porto 1 ermöglicht den luftigen Blick auf Porto aus der Sicht eines Drachens in 5D (Rua de Ancira 6, www.lookatporto.pt, tgl. 10–20 Uhr, 8 €).

Cityplan: Karte 2, A 3 | **Tram** 1, **Bus** 500

durch Piraten oder Stürme um ein Vielfaches aufgewogen. Aus dem brutalen Wirtschaftskampf um die Beherrschung der Märkte des frühen 16. Jh. ging das kleine Land am Rande Europas als glänzender Sieger hervor, wurde zur ersten weltumspannenden Handelsmacht.

S SEEUNGEHEUER

Adamastor hieß das Seeungeheuer, das sich einst den furchtlosen Entdeckern und heute auch den Museumsbesuchern in den Weg stellt. Es ist eine Erfindung des Luís Vaz de Camões (ca. 1524–ca. 1580), seines Zeichens Portugals Nationaldichter. Sein Versepos »Die Lusiaden« (Os Lusíadas) besingt die Heldentaten der Seefahrernation und verwandelt die Südspitze Afrikas in selbiges Monstrum. Dem sogar eine Swatch-Uhr gewidmet ist.

Auf nach Indien

Doch nun selbst ins Boot. Etwas wenig Platz für die Beine gibt's, vielleicht ganz wie zu Seefahrers Zeiten. Über Kopfhörer wird die Route erläutert. Und ja, es geht wirklich auf's Wasser, über das das schaukelnde Gefährt per tief liegendem Seil gezogen wird. Zuerst nach Ceuta. Bis plötzlich ein Seeungeheuer aus dem Nebel auftaucht und sogar ein Gewitter durchfahren wird. Fast wie in einer Geisterbahn.

Jetzt noch das Kap der Guten Hoffnung umschifft und Sie finden sich auf dem Indischen Ozean wieder. Bunte Vögel flattern durch die Lüfte. Ein schwarzer Panther duckt sich ins Gebüsch, dieser allerdings nicht lebendig, sondern modelliert. Ein Flusspferd steht am Ufer. Die Seefahrer hatten es zunächst für ein Wildschwein gehalten. Da es aber im Wasser lebte, sahen sie es schließlich als Fisch an.

Hinter Indien geht's weiter. Es folgen Timor, China, Japan und Brasilien auf dem Weg, der schließlich im profanen Souvenirladen endet. Verehrte Reisende, Sie waren halt doch nur eingetaucht in die Welt der Entdecker. In einem Museum.

UM DIE ECKE

Durch die **Alfândega** 2, dieses langgestreckte Gebäude am Fluss, mussten alle Waren, die über See kamen. Hier waren der Zoll, dazu links und rechts die Warenlager untergebracht. Erbauer war 1834 der Konstrukteur der Brücke Dom Luís. Im Mittelalter zog das Fischerviertel viele jüdische und armenische Händler und Handwerker an. Eine Synagoge gab es und den jüdischen Friedhof, zerstört während der Judenverfolgung im 16. Jh. Die Geschichte blieb in den Straßennamen erhalten. **Rua do Monte dos Judeus** (Straße des Judenberges) und **Rua da Arménia,** 100 m nördlich bzw. 250 m südwestlich der World of Discoveries.

Porto, deine Brücken – **Bootstour auf dem Douro**

\# 12

Ein eigentlich schmaler Fluss. Eine Stadt mit gerade mal gut 200 000 Einwohnern. Und doch sind da gleich sechs Brücken. Ebenso rekordverdächtig wie die gewagten Konstruktionen. Und die täglichen Staus. Die Übergänge und die ganze Großartigkeit von Porto und seinem Nachbarn Vila Nova de Gaia lassen sich vom Schiff aus wohlig entspannt genießen.

Die Portuenser sind stolz auf ihre Brücken, begegnen ihnen in geradezu ehrfürchtiger Liebe. Den modernen und den historischen. In deren Richtung beginnt meist die Flussfahrt, nur manchmal wird die Reihenfolge umgedreht und es geht zuerst Richtung Atlantik.

Gewagte Konstruktionen kennzeichnen alle Portuenser Brücken, seien sie aus Eisen, Stahl oder Stein. Die Ponte Dom Luis I zeigt unverkennbar Anleihen an Gustave Eiffel.

Ü
ÜBRIGENS

Das berühmteste Bauwerk aus Gustave Eiffels Schule verbindet die Lissabonner Unter- und Oberstadt. Der frei stehende Stadtlift Elevador Santa Justa hebt sich 45 m in die Höhe und wurde unverwechselbares Wahrzeichen der Hauptstadt.

Monstrum aus Eisen

Links zieht die Uferzeile des Hafenviertels vorbei, darüber heben sich die Häuser bis zum wuchtigen Bischofspalast hinauf. Und schon ist eines der Wahrzeichen Portos erreicht: die **Ponte Dom Luís I** 1. Die Wellen brechen an den Pfeilern kleine Wirbel auf, in die sich Jugendliche im Sommer stürzen. Die Kids schwimmen auf zwei freistehende Pfeiler am linken Ufer zu. Sie sind die letzten Überbleibsel eines Vorgängerbaus, der sich allerdings im Wind bewegt haben soll »wie eine grüne Weidenrute«, so die Geschichtenerzähler. Deshalb wurde die Brücke 1886 durch die gewaltige, zweistöckige Eisenkonstruktion ersetzt. Erdacht von Teófilo Seyrig, einem Mitarbeiter Gustave Eiffels. Der Schmiedeeisenbogen gilt bis heute als weltweit größter.

3000 t Metall wurden verbaut, 45 m reicht er in die Höhe. Ideal an die Hügellage der Stadt angepasst, führt die untere, 172 m lange Fahrbahn für Autos und Fußgänger von der Ribeira direkt hinüber zu den Portweinkellern von Vila Nova de Gaia, während die obere Fahrbahn über 392 m Länge die Metro und Flaneure von der Bischofskirche in die oberen Viertel bringt. Und dabei das pittoreske Panorama gleich mitliefert.

Doch fast wäre 1962 alles vorbei gewesen. Bis zum Bau zahlreicher Staustufen brachte der Fluss regelmäßig Hochwasser in die Stadt. Auf einen halben Meter näherte sich die Flut in dem Katastrophenjahr der unteren Bahn, es wurde ihr Abriss geplant, um die Brücke im Ganzen zu retten. Bis das Wasser wieder sank.

Oben Metro, unten Schiff, dazwischen Autos und Fußgänger. Die Ponte Dom Luís I ermöglicht allen die Flussüberquerung.

Cityplan: D 6–N 7 | **Metro** São Bento, **Bus** 202, 500, 900, 901

Eiffels erstes Meisterwerk

Als nächstes wird die **Ponte do Infante** 2 durchfahren, 2003 für die Autos errichtet, die die Metro verdrängt hatte. Schweizer Urlauber könnten sich an ihre Heimat erinnert fühlen, das Vorbild lieferten die Stabbogenbrücken ihres Landsmanns Robert Maillart. Nur länger und mit 280 m schon wieder ein Weltrekord in dieser Bauart.

Gleich dahinter taucht Eiffel auf! Besser: eines der ersten bedeutenden Werke des Meisters. Und sein allererstes in Portugal. So eine Brückenkonstruktion, gebaut von 150 Arbeitern, hatte die Welt noch nicht gesehen. Ganz aus Walzstahl. Getragen von einem einzigen, 640 t schweren Bogen, der 60 m über dem Fluss eine 353 m lange Bahn hält. So neu war das alles, dass die **Ponte Maria Pia I** 3 erst eröffnet wurde, nachdem sie in einem Experiment satte 1500 t Gewicht ausgehalten hatte. Am 1. November 1877 war das, und bis 1991 wurde sie von Zügen befahren, weswegen sie in Porto auch eigentlich nur Ponte do Comboio heißt, Brücke der Eisenbahn.

Moderne im Osten

Die **Ponte de São João** 4 ist bald erreicht, über die die Zuggleise seit 1991 führen. Interessant ist der Blick zurück, im Vordergrund die zeitgenössische, gleich dahinter die Eiffelsche Lösung für die Eisenbahn. Keine Frage, welche reizvoller ist. Gleiches gilt für die Umgebung. Die attraktiven Stadtlandschaften werden abgelöst von verfallenen Fabrikanlagen und schließlich neuzeitlichen Wohnanlagen. So dreht das Schiff auch bereits

INFOS/ÖFFNUNGSZEITEN

6-Brückenfahrt: Ablegestelle 1 am Cais da Ribeira, Fahrzeit 50–60 Min. Tickets der verschiedenen Veranstalter mit fast identischem Angebot werden vor Ort verkauft; Fahrpreis 15 €.

HOCH HINAUS

Auf ihrem Trägerbogen kann die nördliche Seite der **Ponte de Arrábida** 6 an der Rua do Ouro 680 mit einer Führung erklettert werden (www.portobridgeclimb.com).

CHILLEN UND MEHR

Abschließend vielleicht ein Blick vom Ufer auf den Fluss? Bei Kaffee oder Cocktail im **Café do Cais** 1. Die Bar im Glaskasten liegt ein paar Meter flussabwärts des Schiffsanlegers am Cais da Estiva (tgl. 10–2 Uhr).

vor der **Ponte do Freixo** 5. Diese Betonbrücke trägt die Autobahn A 20, und jeder Fahrer kennt sie aus den Staumeldungen.

Zum Atlantik

Nun wird Kurs auf's offene Meer genommen. Die Ribeira wird erneut passiert. Dann ein schier endlos langgestrecktes Gebäude aus schwerem Granit, die einstige Zollstation Alfândega. Schließlich wendet die Pfarrkirche von Massarelos den Vorbeifahrenden ein blaues Kachelbild zu. Es zeigt Heinrich den Seefahrer, den Gründungsvater jenes Ordens, der 1776 das Gotteshaus errichten ließ.

Dahinter erhebt sich in seiner ganzen Pracht der nächste, 1963 eingeweihte Betonübergang. In aller Schönheit? So sehen es jedenfalls viele Einheimische, die von der **Ponte de Arrábida** 6 wahrlich entzückt sind. Aber sie hat schon wirklich was. Dieser helle Bogen von 270 m Länge und 70 m Höhe war bei seiner Fertigstellung der weltweit längste aus Stahlbeton. Ohne solche Rekorde scheint man's in Porto nicht zu machen. Damals, als es noch kaum Autos im armen Portugal gab, sollten auch Fußgänger die Brücke benutzen. Denen aber schien das gefährlich hoch, sie bevorzugten weiterhin Fähren.

Schmankerl zum Schluss

Kurz bevor der Ozean erreicht ist, wendet das Schiff. Und steuert nun am rechten Ufer eine der dort liegenden Portweinkellereien an. Ein Schelm, der Böses dabei denkt … Doch schon läutet die Schiffsglocke zur Überfahrt nach Porto. Die Alternative: einfach dableiben und die Ponte Dom Luís I. zur Abwechslung zu Fuß überqueren.

N NOCH WAS

Einige **Schiffe** sind motorisierte Nachbauten der *barco rabelo,* auf denen einst der Portwein aus dem oberen Dourotal transportiert wurde. 19 bis 23 m lang, maximal 4,5 m breit. Ohne Kiel, die Spanten übereinander befestigt, das Segeltuch quadratisch. So war der enge und manchmal reißende Fluss von sechs oder sieben Mann Besatzung zu bewältigen. Gesteuert wurde mithilfe eines langen Heckruders. Schon 1792 war das gesetzlich so festgelegt worden. Rund 100 Jahre später dann setzte sich die Eisenbahn durch. Nur nicht zum Stadtfest am 24. Juni, wenn die Boote mit farbigem Segelschmuck zur Regatta antreten.

UM DIE ECKE

Wer nach der Schnupperfahrt nicht vom Fluss loskommt, kann sich auf einen **ganztägigen Schiffsausflug** den Douro aufwärts begeben, bis Peso da Régua und Pinhão. Aus dem engen Flusstal wachsen die weinbestandenen Schieferberge steil in die Höhe. Eine der spektakulärsten Gegenden Portugals, UNESCO-Welterbe. Zurück nach Porto geht es dann im Bummelzug, durchaus auch ein Erlebnis. Infos bei www.portotours.com.

Tief ins Portweinfass geschaut – **in Vila Nova de Gaia**

13

Der Name des Weinproduzenten ist englisch, Taylor's, der Empfang britisch-distinguiert. Mit Pfauen auf dem englischen Rasen. Wenig verwunderlich, war Portwein doch von Anfang an eine englische Angelegenheit. Schuld war Ludwig XIV. Er hatte Schutzzölle auf englische Waren erhoben, die britische Krone reagierte mit einem Einfuhrstopp für französischen Wein.

Neue alkoholische Quellen mussten her und wurden von englischen Handelsreisenden aufgespürt, und zwar in den Klöstern von Lamego, etwa 120 km östlich von Porto. Diese Anbauregion wird während des Rundgangs durch den Weinkeller von **Taylor's** 1, geleitet von Audio-

Auf das Holz kommt es bei der Lagerung des Portweins weniger an. Oft handelt es sich um recycelte Weinfässer aus Frankreich.

guides und Videoprojektionen, ebenso anschaulich erklärt wie die Geschichte des Port. Sie begann mit einem Makel.

Die wunderliche Erfindung des Portweins

Bei der Verschiffung nach England verlor der gute portugiesische Tropfen an Qualität. Der Ausweg lag in der Beimischung von hochprozentigem Branntwein, um den Gärungsprozess nach zwei bis drei Tagen zu stoppen. Der Alkoholgehalt steigt dadurch auf etwa 20 %, und der Restzucker im Most ergibt den süßen Geschmack.

Vom kleinen Fass ...

Zwischen langen Reihen von Holzfässern führt der Weg durch den kühlen Keller. In den kleineren Fässern reift der Tawny und nimmt die rötlich-braune (engl.: *tawny*) Farbe des Holzes

INFOS/ÖFFNUNGSZEITEN

Taylor's 1: Rua do Choupelo 250, T 223 77 29 56, www.taylor.pt, tgl. 10–18, Probierstube bis 19.30 Uhr, inkl. Audioguide (in Deutsch) und drei Weinproben 15 €

Portweinkellereien: Eine Beschreibung mehrerer Firmen mit Besuchsangebot listet die Unternehmervereinigung unter www.cavesvinhodoporto.com.

Tourismusamt: Av. Diogo Leite 135, T 223 75 82 88, Sommer tgl. 10–20, sonst Mo–Sa 9–18 Uhr

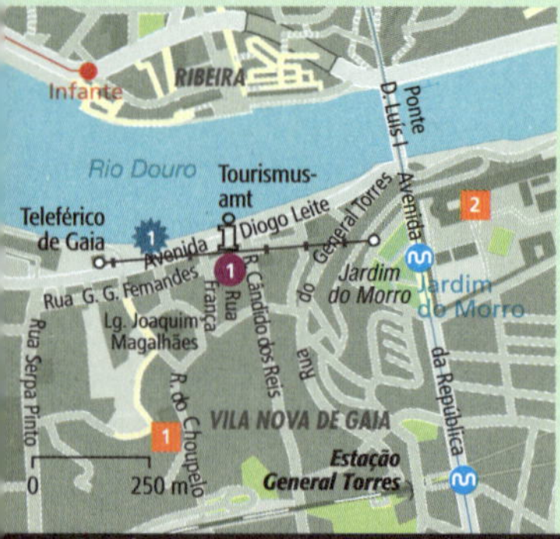

KULINARISCHES FÜR ZWISCHENDRIN

Auf der Sonnenterrasse des Restaurants **DeCastro Gaia** 1 am Largo Miguel Bombarda 23 gibt's fantasievolle Snacks wie Stockfisch in saurer Sauce mit Trockentomaten und Mandeln (T 910 55 35 59, www.espacoportocruz.pt, Di–Sa 12.30–24, So 12.30–18 Uhr).

IN SCHWINDELERREGENDE HÖHEN

Die Gondelbahn **Teleférico de Gaia** bringt Sie vom Douroufer neben der Markthalle in schwindelnde Höhen. Auf 600 m Länge wird in 5 Minuten ein Höhenunterschied von 58,5 m überwunden (Ende April–Ende Sept. 10–20, Ende Okt.–Ende März bis 18, sonst bis 19 Uhr, Fahrpreis 6 €).

CHILLEN UND MEHR

Sie sitzen direkt am Fluss auf der Terrasse des **Ar de Rio** 1, in der Avenida Diogo Leite 5. Statt Port steht bei den Getränken Sangria an oberster Stelle (www.arderio.pt, Mo–So 12–24 Uhr).

Cityplan: G–K 7/8 | **Metro** Jardim do Morro, **Bus** 900, 901, 906

an. Neben dem einfachen Tawny, der rund drei Jahre lagert, werden die hochwertigen alten Tawny's mit einer Reife von zehn, 20, 30 oder 40 Jahren produziert. Die Altersangabe steht in englischer Sprache auf dem Etikett. Eine geöffnete Flasche verliert auch nach zwei Monaten nicht an Geschmack.

... zum 100 000-Liter-Monster

Richtig gehört! Über 100 000 l lagern im größten Fass, das den Wein kaum oxidieren lässt. So konserviert er seine rubinrote (engl.: *ruby*) Farbe. Ein Ruby ist fruchtig-frisch im Geschmack und passt als Begleitung zu Käse, Erdbeeren, Waldfrüchten. Die Flasche sollte nach dem Öffnen relativ zügig geleert werden.

Kleine Weinprobe

Zum Schluss wartet die Verkostung in Begleitung von Mitarbeitern der Kellerei. Als erstes ein White Port, der gekühlt als Aperitif getrunken wird, die trockene Antwort auf den andalusischen Sherry. Es folgt ein zehnjähriger Tawny und als Höhepunkt ein Late Bottled Vintage (LBV). Zu einem Jahrgangsport *(vintage)* werden Spitzenjahrgänge unverschnitten verarbeitet. Er reift zwei bis drei Jahre im Fass und entwickelt anschließend sein Aroma in der Flasche weiter. Deshalb muss er dekantiert und schnell getrunken werden. Wegen dieser Nachteile haben die Portweinfirmen den LBV entwickelt, der dank des Filterns vor der Abfüllung seinen Charakter nicht mehr verändert.

UM DIE ECKE

Hoch über dem Fluss am Largo de Avis und mit entsprechend tollem Panoramablick erhebt sich ein ungewöhnliches Kloster: das **Mosteiro da Serra do Pilar** 2, erreichbar schweißtreibend zu Fuß oder per Gondelbahn. Das Gotteshaus ist rund, in Nachahmung der römischen Kirche Santa Maria Rotonda. Noch eindrucksvoller wirkt der ebenfalls runde, einer Arena ähnelnde Kreuzgang. Während des portugiesischen Bürgerkriegs wurde das Gebäude 1832 in eine Festung umgewandelt und gehört seitdem der Armee (April–Okt. 10–18.30, sonst bis 17.30 Uhr, Eintritt 2 €, Aufstieg zur Kuppel 4 €).

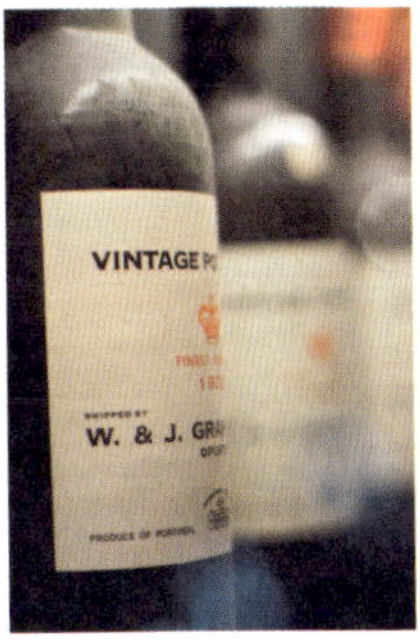

Nur etwa alle drei bis vier Jahre reicht die Qualität der Trauben für den Vintage-Jahrgangsport, offiziell zertifiziert vom halbstaatlichen Weininstitut.

Ü ÜBRIGENS

Aufwendig wird der Korken aus alten Flaschen entfernt, denn mit Korkenzieher könnte er zerbröseln. Genießer greifen mit einer über offenem Feuer erhitzten Zange um den Flaschenhals. Für einige Sekunden. Sodann wird Eiswasser über die Flasche gekippt. Der Kälteschock lässt den Flaschenhals an ganz gerader Kante brechen. Der Wein bleibt unversehrt.

14

Gebäude ganz in Weiß – **in Boavista**

Golden glänzen die barocken Gotteshäuser, ganz in Weiß kleiden die Portuenser Baumeister inzwischen ihre Werke. Und haben es damit zu Weltruhm gebracht. Álvaro Siza Vieira und Eduardo Souto de Moura wurden mit dem renommierten Pritzker-Architekturpreis geehrt. »Bonjour tristesse« hat Siza Vieira sein Wohnhaus am Schlesischen Tor in Berlin genannt.

Eine Galerie zeitgenössischer Baukunst in Porto im Ortsteil Boavista. Überwiegend stammt sie von portugiesischen Architekten, aber das Objekt, das dort an der Ecke zur Praça de Mouzinho de Albuquerque aus dem Weltraum auf die Stadt gefallen scheint, stammt von dem Holländer Rem Koolhaas. Ein verrückter Bau, so der Architekt, denn er hatte viel Gegenwind für seinen Entwurf gespürt.

Die Casa da Música ist ein Beispiel für die ausdrucksstarken Trends in der zeitgenössischen portugiesischen Architektur.

Im Volksmund heißt die **Casa da Música** 1 auch schon mal »Weiße Schuhschachtel«. Doch so weiß ist der Beton gar nicht mehr, gehört zum Konzept doch das Nachdunkeln ins Gelbe. Um zu verdeutlichen, dass das vieleckige Gebäude ebenso lebt wie die Musik, die in zwei Sälen und in der Tiefgarage (!) zur Aufführung gelangt.

Das klangvolle Innenleben der »Weißen Schuhschachtel«

Fröhlich verlaufen die Führungen durch das Haus, auch mal mit einem kunsthistorischen Hinweis. So zeigt einer der sechs Räume, die sich alle durch Fenster zum Hauptsaal öffnen, die blau-weiße Kachelkunst des 18. Jh. Und Streifen aus 7 kg echten Goldes zieren die Wände des großen Konzertsaals mit seinen rund 1250 Plätzen, eine Anspielung an die goldenen Gotteshäuser der Barockzeit. Aber die wesentlichen Baustoffe sind Aluminium, Beton und Glas. Materialien, die den Hall reflektieren. Klatschen Sie einmal in die Hände, Sie werden's geräuschvoll hören. Glas ermöglicht zudem die optische Verbindung zur Stadt. Während der Konzerte öffnet sich der Blick auf das urbane Leben. Die Akustik ist auf allen Sitzen gleich gut, so gibt es auch einen einheitlichen, günstigen Eintrittspreis. Demokratisierung der Musik heißt das dann.

Zweckbauten aus der Zeichenfeder eines Portuenser Star-Architekten

Die **Metrostation Casa da Música** 2 wurde, wie die gesamte U-Bahn Portos, von Eduardo Souto de Moura gebaut. Und auch die **Geschäftsgebäude** 3 an der Avenida da Boavista Nr. 1837. Dem 18-stöckigen Turm ist ein dreistöckiger Flachbau zur Seite gestellt. Die klaren Linien lassen den Einfluss von Mies van der Rohe erahnen. Das niedrige **Bürohaus** 4 am westlichen Ende der Straße (Nr. 189–229) ist ebenfalls aus klar strukturierten Kuben montiert. Und zeigt ähnlich große Glasfronten, ein bevorzugtes Stilelement des Baumeisters.

Futuristischer Touch

Einen Kontrapunkt bildet das **Edifício Vodafone** 5, auch wenn der Beton das typische Portuenser Weiß aufweist. Zusammengesetzt aus unre-

Ü ÜBRIGENS

Die große Stunde der portugiesischen Architektur schlug mit der friedlichen Beseitigung der Diktatur 1974. Ausgangspunkt war die seit jeher freiheitsliebende Architekturschule in Porto. Die Planer organisierten sich in ›Brigaden‹, gingen in sozial ausgegrenzte Barackensiedlungen und entwickelten Wohnmodelle mit den armen Bewohnern. Die Vorzeigesiedlung **Bouça** am Metrohalt Lapa hinter der Avenida da Boavista besteht aus einer Linie einheitlich gestalteter Reihenhäuser entlang der Bahntrasse mit vorgesetzten Treppen, unterbrochen von Höfen und Durchgängen. Die Wohnungsgröße beträgt einheitlich 80 m², in den Mansarden 74 m². Riesig für damalige Verhältnisse.

Cityplan: A 3–F 4 | **Metro** Casa da Música, **Bus** 201, 203

INFOS/ÖFFNUNGSZEITEN

Casa da Música 1: Avenida da Boavista 604, www.casadamusica.com, Besuch ist nur im Rahmen einer Führung möglich, auf Port. und Engl. tgl. 11 und 16, Juni–Sept. zusätzl. 14.30 Uhr, der Eintrittspreis von 10 € ist anrechenbar auf den Kauf einer Konzertkarte

Museu de Arte Contemporânea 6**, Casa** 7 **und Parque de Serralves:** Rua Dom João Castro 210, www.serralves.pt, April–Sept. Mo–Fr 10–19, Sa/So 10–20, Okt.–März Mo–Fr 10–18, Sa/So 10–19 Uhr, Eintritt Museum, Casa und Park 18 €, nur Museum 12 €, 50 % Nachlass mit Cartão Jovem, Porto Card, für Studenten und über 65-Jährige

CHILLEN UND MEHR

Ein herrlicher Ort zum Ausspannen ist das **Teehaus** 1 *(Casa de chá)* im Museumspark. Englische Scones stehen natürlich auf der Karte, doch der heimliche Favorit ist der Schokoladenkuchen (Mo–Fr April–Sept. 10–18, sonst 12–18, Sa/So 11–19 Uhr).

FUNDSTÜCKE

Als elegant, lasziv, poetisch, romantisch charakterisiert eine der herausragenden Modedesignerinnen des Landes, **Katty Xiomara** 1 ihre Kreationen, die sogar McDonald's-Angestellte als Arbeitskleidung tragen dürfen. Erhältlich in der Rua da Boavista 795, 10 Fußminuten östlich der Casa da Música (www.katty-xiomara.com, Mo–Sa 11–19.30 Uhr).

gelmäßigen Rauten, präsentiert sich der Sitz des Telekommunikationsunternehmens, Haus 2957, an der Ecke zur Rua Correio de Sá, dreidimensional, in kühnen Schwüngen. Dort, wo in den 1970er- bis 1990er-Jahren hübsche Wohnhäuser der Spitzhacke zum Opfer fielen und durch meist gesichtslose, aber profitable Neubauten ersetzt wurden. Und jetzt dieser fünfstöckige, futuristische Touch, 2009 erdacht vom jungen Architektenpaar José António Barbosa und Pedro Guimarães aus Porto. Vielfach international prämiert und ebenso heftig umstritten.

Schlicht und makellos

Und nun zum Doyen der portugiesischen Architektur *himself*. Álvaro Siza Vieira schuf 1999 mit dem **Museu de Arte Contemporânea** 6 ein profiliertes Kunstzentrum, das sich der Präsentation internationaler Gegenwartskunst widmet. Das Gebäude liegt mit lang gezogenen Gliedern, gleichermaßen kurvig elegant und mit scharfen Umrissen, eingebettet in die weitläufige Grünanlage Parques de Serralves.

Und doch wirkt das Museum schlicht in weißer Makellosigkeit, wie zufällig zusammengewürfelt aus kubischen Körpern. Elf unterschiedlich große Ausstellungssäle passen sich flexibel den jeweiligen Ausstellungskonzepten an. Die Fenster geben den Blick nach außen frei und lassen Malerei und Natur zu einer Symbiose verschmelzen. Ähnlich wie Musik und Stadt im Fall der Casa da Música.

Eine einmalige Symbiose von Kunst, Natur und Stadtlandschaften gelingt im Park von Serralves; hier sticht die »Gartenschaufel« von Claes Oldenburg in Portuenser Erde.

Art déco und Kunst im Park

Und noch ein Kontrapunkt! Bescheidenheit war nicht eben die Zier des Carlos Alberto Cabral, der sich selbst einen Grafentitel verlieh und in den 1930er-Jahren ein nobles Wohnhaus in seinen privaten, 18 ha fassenden **Parque de Serralves** setzte. Die bekanntesten Architekten und Inneneinrichter des Art déco erhielten lukrative Aufträge für die **Casa de Serralves** 7, darunter der französische Schmuckvirtuose René Lalique und der Kunstschmied Edgar Brandt. Nun wird sie eine große Miró-Sammlung aufnehmen. Der Park selbst begeistert mit seinem Reichtum an Pflanzen, zwischen die Skulpturen aus dem Museumsschatz gesetzt sind. Und mit einem wunderschön romantischen **Teehaus** 1.

UM DIE ECKE

Hier können Sie sich schon heute an der Zukunft portugiesischer Markthallen erfreuen! Dem **Mercado Bom Sucesso** 2 wurde ein *urban concept* verpasst. Den Mittelpunkt des lichten Raumes bilden Bars und Restaurants, die allerlei aus Portugal und fast der ganzen Welt bieten. Hinzu gesellen sich Boutiquen und Gourmetgeschäfte sowie die traditionellen Marktstände einschließlich Bio-Angebot. Konzerte kommen noch obendrauf (Praça Bom Sucesso, www.mercadobomsucesso.pt, So–Do 10–23, Fr/Sa 10–24, Marktstände Mo–Sa 9–20 Uhr).

▶ INFOS

Bernardo Amaral (www.baau.pt) organisiert Architekturführungen auf Deutsch, buchbar über http://cargocollective.com/casadopinheiro/Guided-Tours

15

Spazieren am Atlantik – **Portos Strandlandschaften**

Vielleicht überraschend? Sogar Strände mit blauer Flagge für Sauberkeit hat die Stadt zu bieten. Und auch wenn Sie nicht zum Schwimmen nach Porto gekommen sind, so sorgt ein kleiner Ausflug ans Meer für Erholung vom Pflastertreten. Ebenso wie das Abhängen in einer der Strandbars. Und dann noch mit den Füßen ins kühle Nass!

Ein Ort des Lustwandelns ist die Pérgola da Foz am Atlantik, einst Flaniermeile des elitären Bürgertums, heute der Liebenden.

Los geht's im **Jardim do Passeio Alegre,** bestanden von Palmen, Laubbäumen und Kiefern. Dazwischen ein Musikpavillon, der Springbrunnen, ein Minigolfplatz. Und das **Chalé Suíço** **1**, auch Chalet Suisso, am nordwestlichen Rand. Der achteckige Getränkekiosk aus Holz und Eisen ist

ein beliebter Treff von Jung und Alt, und das schon seit 1873.

Am westlichen Parkende erheben sich die Mauerreste der **Fortaleza de São João da Foz** 1. Das Kastell diente einst als Schutz gegen Seeräuber. Dem Schutz der Fischer diente der Leuchtturm **Farol de Farolim** 2, der sich gegenüber ins Meer schiebt.

Abstecher nach Foz do Douro

Von hier bietet sich ein kleiner Umweg durch den Stadtteil Foz an, der im 16. Jh. gegründet wurde: Die Rua Senhora da Luz hinauf, eine ganz normale Einkaufsstraße, unberührt vom Tourismus, mit Klamotten, Süßigkeiten, Brillen. Mal in schmucken Kachelhäusern, mal in Bausünden. Und in Nr. 268 ein Schuhladen mit dem in Portugal doch seltsam klingenden Namen **Heidi** 1. Ursprünglich hieß er Schneewittchen. Denn die Gründerfamilie liebte mitteleuropäische Kindergeschichten. Wer heute Gebäck und Aussicht liebt, kann beides im **Café Tavi** 2 (Nr. 363) verbinden. Eine spektakuläre Terrasse versteckt sich hinter dem unscheinbaren Eingang.

Strandspaziergang

Und von hier endlich zum Atlantik, die viel befahrene Uferstraße **Avenida do Brasil** querend und ein paar Stufen hinab. Da ist auch schon die erste Strandbar, vielleicht sogar die berühmteste: **Praia da Luz** 1, und so heißt auch der Strand. Sandwiches, Toasts, Salate werden auf der Holzterrasse zu Chill-Out-Musik gereicht. Von hier führt eine Promenade, ungestört vom Autoverkehr, direkt über die Felsen aus Gneis und Granit. Tafeln zu Beginn und am Ende des Weges informieren auch in Englisch über die geologische Entstehungsgeschichte. Zwischen das Gestein schieben sich immer mal sandige Abschnitte, die im Winter allerdings nicht gesäubert werden.

Ein Laubengang nicht nur für Verliebte

Nach 500 m am **Strand von Carreiros** passiert der Weg einen neoklassischen Säulengang aus hellem, ins Goldene changierenden Beton, dem die Sonne fortwährend einen anderen Anstrich zu geben scheint. Von Tausendundeiner Farbe spricht man in Porto. Diese **Pérgola da Foz** 4

Ü ÜBRIGENS

52 Leuchttürme zählt Kontinentalportugal, zwei davon in Portos Stadtteil Foz do Douro, beide allerdings nicht mehr in Betrieb. Hinter dem Jardim do Passeio Alegre steht der **Farol de Farolim** 2 am Ende einer Mole im Meer. Ein typischer portugiesischer Leuchtturm, sechseckig, aus Granit. Rot bemalt sind Türen und Fensterrahmen, aufgesetzt ein gläsernes Lampenhaus. 1886 in Betrieb genommen. Der älteste und vielleicht ungewöhnlichste Leuchtturm des Landes steht mitten im Ortskern am Ende der Rua do Farol. 1761 erbaut, reicht der Blick von hier bis ins 25 km südlich gelegene Espinho. Das Außergewöhnliche an diesem **Farol da Senhora da Luz** 3? Er gleicht einer Wasserpumpstation mit sechseckigem Aufbau.

INFOS/ÖFFNUNGSZEITEN

Castelo do Queijo 5: Praça Gonçalves Zarco, Di–So 13–17, Sommer 13–18 Uhr, Eintritt 0,50 €
Sea Life 6: Rua Particular do Castelo do Queijo, www.visitsealife.com/porto, Mo–Fr 10–18, Sa/So 10–19 Uhr, Juli/Aug. eine Stunde länger, Eintritt programmabhängig ab 14 €, 4- bis 12-Jährige und Studenten ab 9,50 €, für Familien und online ermäßigt
Chalé Suíço 1: Jardim do Passeio Alegre, tgl. 8–23 Uhr, kleiner Kaffee 0,80 €

Café Tavi 2: Rua da Senhora da Luz 363, T 226 18 01 52, www.tavi.pt, tgl. 8.30–20 Uhr, kleiner Kaffee 0,80 €
Do Molhe 3: Esplanada de 28 de Maio, Lote 20, T 917 53 10 31 (mobil), https://pt-pt.facebook.com/RestauranteDoMolhe, tgl. 9–24 Uhr, Snacks ab 3,70, Hauptspeisen 9–33 €
Praia da Luz 1: Praia da Luz, T 226 10 08 53, www.praiadaluz.pt, Mo–Fr 12–15, 19–23, Sa/So 12–23 Uhr, Hauptspeisen um 15 €, Cocktails um 10 €
iBar 2: Av. Montevideu, T 226 17 36 61, tgl. 9 bis max. 21 Uhr je nach Wetter

KULINARISCHES FÜR ZWISCHENDRIN

Das **Edíficio Transparente** 4 an der Via Castelo do Queijo 395 beherbergt Restaurants für jeden Geschmack. Eines eint die Tapabar, das Sandwich-Restaurant, die Grillstation und die Pizzeria: Sie bieten einen fantastischen Blick aufs Meer, ob von der Terrasse im Erdgeschoss oder durchs Fenster im Obergeschoss (www.edificiotransparente.com).

RÄDER UND URLAUBSTIPPS

Als letzten Radladen vor New York bezeichnet Steffan Wollmann sein **Dourobike** 1. Der Ex-Hamburger verleiht nicht nur Drahtesel, sondern gibt auch Urlaubstipps über das Radfahren hinaus (Rua Coronel Raúl Peres 100, T 226 19 97 94, www.dourobike.com, Mo–Fr 10.30–13, 14.30–18.30 Uhr).

Cityplan: Karte 3, C 4–D 7 | **Tram** 1, **Bus** 500

stammt aus den 1930er-Jahren, jener Zeit, als sich der Stadtteil in einen mondänen Badeort wandelte. Die Legende sagt, dass der Bürgermeister die Anlage auf Wunsch seiner Gemahlin in Auftrag gegeben hatte, die sich ein wenig Flair von Nizza und der dortigen Promenade des Anglais für Porto wünschte. Romantisch ist's allemal, schon so mancher Heiratsantrag soll vor Ort erfolgt sein.

Wirkt romantisch, ist aber oft Ausdruck von Armut, fehlt doch das Geld für den Treffpunkt Café oder Restaurant.

Zur Käsefestung

Mehrere Terrassencafés folgen, darunter **Do Molhe** 3, das auch als Bar und Restaurant funktioniert. Der Name des anschließenden Strandes, **Praia do Homem do Leme** (Strand des Steuermanns) ehrt die Matrosen. Und was ist das für ein futuristisch geschwungenes Gebäude, das im Hintergrund weiß aus dem Wasser zu wachsen scheint? Es ist das Terminal für Kreuzfahrtschiffe.

Nach rund 500 m über einen Steg ist die **iBar** 2 unmittelbar an den Strand gebaut. Weniger was zum Essen als für Kaffee und Cocktail in den Felsen. Gleich um die Ecke taucht dann auch schon das Ziel des Weges auf. Einen kuriosen Namen trägt die dortige Schutzburg gegen Piraten: **Castelo do Queijo** 5, Käsefestung! Schuld hat der Fels, der sie trägt, denn er scheint porös wie ein Schweizer Käse. Gegenüber lockt zum Abschluss das **Aquarium Sea Life Center** 6 mit roter Leuchtschrift, dahinter der Stadtpark von Porto.

UM DIE ECKE

Die Nachbargemeinde **Matosinhos,** fünf Fußminuten vom Castelo do Queijo entfernt, hat Geschichte geschrieben, und zwar mit dem weltweit ersten Hafen für Sardinenfischer. Der lebendige Hafen bestimmt das örtliche Leben bis heute. Hervorragende preiswerte Fischrestaurants sammeln sich rundherum. Die Strände sind zwar von Hochhäusern gesäumt, doch wunderbar von hellem Sand bedeckt. Und dann gibt's noch moderne Baukunst, schließlich wurde der portugiesische Architekt Álvaro Siza Vieira hier geboren. Sein **Geburtshaus** 7 steht in der Rua Roberto Ivens 582 (www.casadaarquitectura.pt).

Ü ÜBRIGENS

An der portugiesischen Küste reiht sich ein **Kastell** ans andere, so auch in Foz do Douro. Sie dienten weniger der Abwehr fremder Truppen, als vielmehr dem Schutz vor **Seeräubern.** Diese kamen ab dem ausgehenden Mittelalter aus Nordafrika, später auch aus europäischen Ländern. Gegen den berühmtesten, Sir Francis Drake, war für die portugiesische Marine trotz aller Befestigungen allerdings kein Kraut gewachsen, er plünderte reichlich in Portugal.

EINTRITTSKARTEN *in eine andere Welt …*

Neben dem Museum Serralves (▶ S. 73) gibt es in Porto weitere 33 Museen, hier meine persönlichen Favoriten:

UND JETZT ENTSCHEIDEN SIE!

Museu da Farmácia
Mo–Fr 10–18, Sa 14–18 Uhr
6,50/4,50 €

Es glänzt und glitzert in der islamischen Apotheke aus dem syrischen Palast, und in der chinesischen, und in der portugiesischen des 19. Jh. Dazu überraschende Einblicke in die Herstellung von Arzneimitteln.

D 1, www.museudafarmacia.pt

○ JA ○ NEIN

Museu Futebol Clube do Porto
Mo 14.30–19, Di–So 10–19 Uhr
Museum 12/mit Stadion15 €

Stolz und Aushängeschild der fußballverrückten Stadt: FC Porto. Zu sehen sind: zwei Weltpokale, Trophäen für Champions- und Europaleaguegewinne, nationale Titel sowieso. Als Zuschlag: Stadionrundgang.

N 3, www.fcporto.pt

○ JA ○ NEIN

Museu Nacional de Soares dos Reis
Di–So 10–18 Uhr
5 € mit Cartão Jovem oder Porto Card 2,50 €

Weiße Marmorskulpturen wohlgestalteter junger Männer und Frauen stehen im Mittelpunkt des wichtigsten Museums für Kunst des 19. und 20. Jh. Dazu Goldschmuck, Juwelen, Porzellan, Möbel. Und ein Kameliengarten.

G 6, www.museusoaresdosreis.gov.pt

○ JA ○ NEIN

Museu do Papel Moeda
Mo–Fr 10–12.30, 15–18 Uhr
3 €, mit Porto Card 2,50 €

Einfaches Papier wird bedruckt und plötzlich ist es wertvoll. Als Aktie, Lotterielos, Geldnote. Die weltweit ältesten Geldscheine aus der chinesischen Ming-Dynastie nennen sogar die Strafen für Fälscher.

Karte 3, D 5, www.facm.pt

○ JA ○ NEIN

Museu Judaico
Mo–Do 14.30–17, Fr 10.30–12.30, 14.30–17.30 Uhr
5 €

Die größte Synagoge der iberischen Halbinsel zeigt sakrale Gegenstände, listet die Namen der 842 jüdischen Opfer der Inquisition und bewahrt eine Replik des Grundsteins des mittelalterlichen Gebetshauses.

E 4, www.comunidade-israelita-porto.org/x

JA NEIN

Banco de Materiais
Mo–Fr 10–12, 14.30–17.30, Sa 10–12.30, 13.30–18 Uhr
Eintritt frei

Die Stadt zeigt vor der Zerstörung gerettete Kacheln, Eisengitter, Verzierungen von Hauseingängen … irgendwann tauchen sie nach Restaurierungen wieder im Stadtbild auf.

Karte 2, B 1, www.cm-porto.pt/cultura/patrimonio-cultural/banco-de-materiais

JA NEIN

Museu do Carro Eléctrico
Mo 14–18, Di–So 10–18 Uhr
8 €, mit Porto Card 6 €

Eine Reise in die Welt der Tram. Los geht's im Waggon, der 1872 von Pferden gezogen wurde, bis 1905 die erste mit Strom betriebene Straßenbahn ihren Betrieb aufnahm. Premiere auf der iberischen Halbinsel.

E/F 6, www.museudocarroelectrico.pt

JA NEIN

Museu Romântico da Quinta da Macierinha
tgl. außer Fei 10–17.30 Uhr
Mo–Fr 2,20 €, Sa/So frei

Der romantisierende Lebensentwurf des späten 18. Jh. Die Standuhr in der Villa trägt ein goldenes Kleid, Gemälde vom Leben der Fischer zieren die Wände, die Tafel ist festlich gedeckt.

F 6, www.cm-porto.pt/cultura/museus-e-arquivos

JA NEIN

Museu do Vinho do Porto
Di–So 10–17.30 Uhr
2,20 €, unter 14- und über 65-Jährige, mit Porto-Card und Sa/So für alle frei

Wuchtige Granitgewölbe vermitteln den Eindruck einer Weinkellerei, anhand von Dokumenten und Computertechnologie erschließt sich die Bedeutung des Handels für die Stadt.

F 6, www.cm-porto.pt/cultura/museus-e-arquivos

JA NEIN

Portos Museumslandschaft

Um ganz ehrlich zu sein, die Museen stehen ein wenig im Schatten derer von Lissabon. Dorthin fließt das Gros der staatlichen Kulturförderung. Doch was wäre die Welt ohne Ausnahmen. In Porto sind es gleich zwei. Das **Museu de Arte Contemporânea de Serralves** (► S. 73), das Gegenwartskunst und ab 2020 eine staatliche Miró-Sammlung zeigt. Und das **Museu Nacional de Soares dos Reis,** dessen Schwerpunkte auf Skulpturen und Malerei des 19. Jh. liegen. Zudem gibt es spannende Museen, die sich auf besondere Lebensbereiche fokussieren: z. B. **World of Discoveries** (► S. 59) auf die Seefahrten, die **Synagoge** auf das Judentum, das **Museu do Carro Eléctrico** auf die Straßenbahn.

Um aus dem Elfenbeinturm auszubrechen, wenden sich Museen mit breit gefächerten Veranstaltungen an ein neues Publikum. Das Pressemuseum **Museu Nacional da Imprensa** (www.museudaimprensa.pt) organisiert im Spätwinter ein **PortoCartoon World Festival. Sommerfeste** locken Zehntausende in den **Garten von Serralves.** Einmal jährlich zeigen sich versteckte Schätze den Besuchern. Das können Ausstellungsräume sein, die eigentlich verschlossen sind, oder Stücke aus dem Fundus. Oder der Blick in die Kulissen eines Theaters, Näheres unter www.openhouseporto.com.

INFORMATIONEN

Im Internet
www.visitporto.travel, Link ›Museums and Heritage‹

Öffnungszeiten
Meist Di–So 10–18 Uhr, an hohen Feiertagen, insbesondere 1. Januar, Ostersonntag, 1. Mai, 25. Dezember, bleiben viele Sehenswürdigkeiten geschlossen.

Freier Eintritt
Einige Museen gewähren sonntagvormittags freien Eintritt. Am Internationalen Tag des Museums (18. Mai) und am Tag des Kulturguts (3. September-Wochenende) ist der Zutritt zu vielen Sehenswürdigkeiten kostenlos. Die Porto Card (► S. 112) gewährt Ermäßigungen.

Klare weiße Flächen bestimmen das Museu de Arte Contemporânea de Serralves.

Portos Bürgertum liebt Art déco

Auf Schritt und Tritt stoßen Sie auf Stilelemente des Art déco. Mal versteckt, wie bei der Uhr im Bahnhof São Bento. Mal offensichtlich, wie im Café Majestic und in der Buchhandlung Lello. Der französische Stil traf den Zeitgeist des Portuenser Bürgertums bereits Anfang des 20. Jh. und erlebte seine Hochphase nach dem Ersten Weltkrieg.

Veranstaltungsbau

Coliseu Karte 2, D 2

Die helle Fassade aus dem Jahr 1941 zeigt sich asymmetrisch. Über den arkadenartigen Eingang erhebt sich ein schmaler Turm. Ein Emblem spielt mit dem portugiesischen Landeswappen. Der Hauptsaal ist hufeneisenförmig ausgelegt, die geschwungene Form soll die äußere Dynamik des Gebäudes nach innen transponieren. Leicht war das nicht, erst der hinzugezogene Architekt Cassiano Branco, eine Lissabonner Autorität, schaffte die Fertigstellung im Jahre 1941.

Rua de Passos Manuel 137, T 223 39 49 40, www.coliseu.pt

Einst Juwelier

Ourivesaria Reis & Filho

Karte 2, D 2

Eine pechschwarz bemalte Eisenfläche umfasst zwei Schaufenster. Die geschwungenen Verzierungen münden in die Eingangstür zum Laden. Darüber thront eine vergoldete Frauenbüste. Das Geschäft wurde 1880 gegründet und inzwischen in einen Urban-Mode-Shop umgewandelt, der Fassadenschmuck 1905 hinzugefügt.

Rua 31 de Janeiro 247/Ecke Rua de Santa Catarina, 4 €

Lederwarenlager

Adriano Vieira da Silva Lima & C.ª

Karte 2, D 1/2

In kräftiges Braunrot tauchte der Geschäftsbesitzer seinen durchaus imposanten Namenszug. Darüber prangt in fast ebenso großen Lettern: Deposito de Sola e Cabedaes, Lager für Sohlen und Leder, prachtvoll von Blättern und Trauben umrankt. Der Schwung setzt sich in den bunten Glasscheiben darunter fort.

Rua Ateneu Comércial do Porto 45

Nur eine Tür

A Beneficiência Familiar

Karte 2, D 1

Fast erdrückt wird der schnuckelige Hauseingang. Blau bemalt ist der Spitzbogen, golden prangt die Hausnummer an der linken Seite, im Querbalken ist ein Blumentopf nur angedeutet, aus dem eine dreiblättrige Pflanze ins matte Glasfenster wächst und sich in zahlreiche Zierleisten teilt. Das Spiel wiederholt sich in der dahinter liegenden Holztür. Und passt zur Fassade der benachbarten Antiga Farmácia do Bolhão, heute Almeida Cunha.

Rua Formosa 325

Kuriose Geschichte

A Brasileira Karte 2, C 2

Welch' bombastischer Eingang! Eine fein ziselierte Eisen-/Glaskonstruktion schützt die eintreffenden Gäste vor Sonne und Regen. Zwei wappengeschmückte Pilaster umrahmen die Tür. 1903 glich es einer Sensation, als ein Kaffeehändler hier in aller Öffentlichkeit das schwarze Getränk in Tassen ausschenkte. So etwas hatte Porto noch nie gesehen. 110 Jahre später musste das Café dennoch schließen. Und wurde schließlich gekauft vom einstigen Trainer der portugiesischen Nationalmannschaft, António Oliveira. Und zum Luxushotel umgewandelt.

Rua do Bonjardim 116, www.pestana.com

Kunst an Wänden, Stromkästen und Telefonzellen

Die Picassos der Street-Art stammen aus Portugal, viele aus Porto. Im gesamten Stadtgebiet zeigen sie ihre Kunst, und darüber hinaus in der ganzen Welt. Ihr berühmtester Vertreter nennt sich Mr. Dheo, Jahrgang 1986. Er arbeitet hauptsächlich mit Spray- und Latexfarben, auch in Berlin. Und zeigt oft skurril verfremdete Gesichter und Gegenstände. Auf alte Stadtlegenden beziehen sich viele Werke von Hazul Luzah. Er kombiniert geometrische mit runden Formen. Fröhlich malt Nuno Costah, großflächig Daniel Eime.

Wahrzeichen mal anders

Mural da Trindade 1 Karte 2, C 1
Vielleicht das Hauptwerk der Street-Art in Porto. Eine Idee von Mr. Dheo (www.mrdheo.com), es ziert die Außenmauer des Parkhauses an der Metro-Station Trindade. Zu sehen ist der Vater des Künstlers, die Stirn in tiefe Falten gelegt, die Augen mit leicht ironischem Blick auf die Vorbeihastenden gerichtet. Mit den Fingern der linken Hand hält er die Torre dos Clérigos. Mit der Farbe aus der Spraydose, realistisch mit Barcode und Warnzeichen abgebildet, in seiner rechten umhüllt er das Wahrzeichen Portos mit einem Band aus zartem Rosa.

Rua de Alferes Malheiro

Mythos

Mural da Trindade 2 Karte 2, C 1
Etwas unter geht da vielleicht das anschließende »A Invicta« von Hazul (www.facebook.com/eusouhazul), eine Allegorie des ›unbesiegbaren‹ Porto. Abstrakt, in verwaschenem Braun, Grün, Blau. Fast ein wenig mystisch, ein Markenzeichen des Künstlers. Vielleicht handelt es sich um ein Ungeheuer, vielleicht aber auch wieder um den Turm der Clérigos-Kirche, der sich da aus den wogenden Meeresfluten hebt?

Rua de Alferes Malheiro

Vergeistigt

Os Leitores G 5/6
Ein Export aus Galicien. Der Illustrator, Cartoonist, Designer und Maler aus La Coruña lässt einen ernsthaften Leser an einer bröckelnden Mauer entlangschweben. Vor dem Gesicht hält er ein Buch mit gelbem, transparent durchscheinendem Umschlag. Der rote Schal weht im Flugwind, eigentümlich nur, dass dabei der Hut fest auf dem Kopf sitzt. Vor ihm läuft auf einem eigenen Bild ein kleiner Junge mit kugelrundem rotem Kopf, in ein kleines Büchlein schauend, vor dem Fuß liegt ein Totenkopf. Sein anonymer Erschaffer verwendet die Kürzel S. P.

Rua Miguel Bombarda, gegenüber Nr. 600

Facettenreich

QUEM ÉS PORTO? Karte 2, C 2
Ein Gemeinschaftswerk aus 2750 Kacheln an einer fast fensterlosen Hausfassade. Auf Einladung von Miguel Januário aus Lissabon, der mit seiner kapitalismuskritischen Kunst gesellschaftlich Einfluss nehmen will. Portuenser und Urlauber gaben in Workshops vielfältige Antworten auf die Frage aller Fragen: Wer bist Du, Porto? Da ist dann mal ein Totenkopf, und ein Herzchen, da steht auch mal »nebelig« oder »ohne soziale Ausrichtung«. Gebrannt in Ton.

Rua da Madeira 186

In Porto unterwegs mit Reiseführer

Für Jung & Alt

Marioneta 🕮 Karte 2, B 3

Nuno Costah ist hauptberuflich Tätowierer. Und nebenbei bringt er eine fröhliche Note in den Portuenser Alltag. Die Heiterkeit machen seine Werke unverwechselbar. Mehreren Stromkästen in der Rua das Flores hat er einen farbigen Anstrich verpasst. Vor dem ehemaligen Sitz des Marionettenmusems hängt eine mit ein paar Strichen gezeichnete Puppe an vier Schnüren. Unten grüner Rasen, oben der blaue Himmel. Zusätzliche kräftige blaue, gelbe Farbkleckse und ein einzelner roter verleihen dem Gemälde die Buntheit.

Rua das Flores 22

Einladend

An.fi.tri.ão 🕮 Karte 2, C 3

Oft zerschneidet Frederico Draw seine Gemälde collagenhaft in zwei oder mehrere Teile. Hier ist nur der Schriftzug des Gastgebers (port. *anfitrião*) durch Satzzeichen getrennt. Er lädt die Urlauber am Eingang zur Stadt an der oberen Fahrbahn der Ponte Dom Luís I mit einer Handbewegung ein. Doch so ganz sicher scheint er sich ob des Ansturms doch nicht, wie der zögerliche Gesichtsausdruck verrät.

Avenida Vímara Peres 21

Eine Ehrung

Homenagem à População Velha
🕮 Karte 2, A 3

Daniel Eime, ebenfalls in Porto geboren und künstlerisch europaweit aktiv, ehrt die ältere Bevölkerung. Mit einem großflächigen Gesicht an der Wand eines vierstöckigen Hauses. Eine ehrwürdige Dame schaut über den vorbeirauschenden Verkehr hinweg auf den Fluss. Das schwarz-weiße Pixeln der Motive ist eine bevorzugte Technik von Daniel Eime, blaue Streifen stellen die Verbindung zum Wasser her.

Largo Artur Arcos/Ecke Rua Nova da Alfândega

Zum Mitmachen

Mural Coletivo da Restauração
🕮 G 6

Vielleicht wollen Sie im Urlaub auch mal eine Wand bemalen? Möglich macht dies ein Gemeinschaftsprojekt: Alle sechs Monate wird eine Mauer an der Rua da Restauração auf 70 m Länge neu gestaltet, mit 14 Bildern von nationalen und internationalen Künstlern. Vorschläge müssen allerdings rechtzeitig eingereicht und von der Stadtverwaltung genehmigt werden.

Rua da Restauração, o. Nr. (nahe Abzweig Calçada Sobre-o-Douro), www.portolazer.pt

Pause. Einfach mal abschalten

Ein wenig Blau gefällig? Dann raus an die Gestaden des Atlantiks. Oder in den Liegestuhl am Fluss. Ein wenig Grün gefällig? Möglich im Zentrum Portos im Jardim da Cordoaria hinter der Clérigos-Kirche (► S. 37). Oder in den Parks am Stadtrand. Vielleicht ein wenig Relaxen gewünscht? Dazu laden diverse Spa, sogar kombiniert mit rotem Wein.

Ein Park am Atlantik

Parque da Cidade

🗺 Karte 3, C/D 4/5

Wenn's dort keine Erholung vom Pflastertreten gibt, wo dann? Dieser Park ist mit 83 ha Fläche die größte innerstädtische Grünanlage Portugals, zudem der einzige Garten Europas, der bis ans Meer reicht. Das Wegenetz ist 10 km lang, da und dort fühlen Sie sich wie auf dem Lande, wenn die Erde terrassiert ist oder die Sträßlein wie anno dazumal gepflastert sind. Und dann scheint auch noch ein Haus in der Luft zu schweben. Der Pavilhão da Água wirkt wie ein architektonisches Experiment, im Inneren dürfen Sie selbst Versuche durchführen und können Naturphänomene beobachten, das Entstehen von Wellen etwa.

Rotunda da Boavista, Park: Okt.–März tgl. 8–22, April–Sept. 8–24 Uhr, Pavilhão: www.pavilhaodaagua.pt, Di–Fr 9.30–12.30, 14–17, Sa 10–12.30, 14–17.30 Uhr, Eintritt 8 €

Eine versteckte Oase

Jardim Botánico 🗺 D 5

Aus dem eleganten Privatgarten der wohlhabenden Familie Andresen, die eine der bekanntesten Dichterinnen, Sophia de Mello Breyner Andresen, hervorgebracht hat, wurde der Botanische Garten. Auf einer Fläche von 4 ha sind Pflanzen und Bäume aus der ganzen Welt zu bestaunen. Den romantischen See und die Gewächshäuser legte der Deutsche Franz Karl Köpp an.

Rua do Campo Alegre 1191, http://jardimbotanico.up.pt, tgl. 9–19 Uhr, Eintritt und geführte Touren frei

Garten mit Panoramablick

Jardins do Palácio de Cristal

🗺 F/G 6

Émile David, deutscher Gartenbauarchitekt, projektierte die weitläufige Anlage mit exotischen Pflanzen, Wasserspielen, Seerosenteichen und Galerien hoch über dem Fluss. Der ursprüngliche Kristallpalast wurde durch die einem Ufo gleichende Mehrzweckhalle Pavilhão Rosa Mota ersetzt.

Rua de Dom Manuel II., April–Sept. 8–21, sonst bis 19 Uhr

Im Liegestuhl am Fluss

Ar de Rio 🗺 G–J 8

Hinüber auf die andere Uferseite! Dort reihen sich Bars und Restaurants aneinander, die bei schönem Wetter sogar Liegestühle an den Douro stellen. Etwa das Ar de Rio an der Avenida Diogo Leite. Oder das Bar- und Restaurantzentrum Cais de Gaia. Und wer nichts essen oder trinken will, setzt sich auf eine der Bänke entlang der sanften Gestade.

Ans weite Meer

Strand von Matosinhos

🗺 Karte 3, B/C 3/4

Die blaue Metro-Linie A, fährt in wenigen Minuten bis fast an die langen Strände im Vorort Matosinhos. Die Hochhäuser an der Uferzeile müssen Sie sich einfach wegdenken, dann können Sie einen ausgedehnten Spaziergang durch den hellen Sand unternehmen. Oder einfach in einer Strandbar abhängen und einem der Tanker zuschauen, die den nahen Hafen ansteuern.

Genug von Besichtigungsprogramm und Freizeitstress? Am Douro bieten sich unzählige Gelegenheiten zum Entschleunigen und Abschalten …

Aussichtspunkt

Passeio das Virtudes 🗺 Karte 2, A 2

Hoch über dem Fluss eine gepflegte Rasenfläche unter Bäumen, ein paar Steinbänke, im Sommer ein kühlender Wind vom Meer. Und einmal mehr ein schöner Blick über den Douro.

Passeio das Virtudes, April–Sept. 9–19, Okt.–März 9–18 Uhr

Wellness asiatisch relaxt

Spaso Zen 🗺 D 4

Mal was anderes: Massage mit Bambusstöcken, dazu türkisches Bad und ayurvedische Gesichtspackung. Die weitere Stadtbesichtigung läuft danach bestimmt ganz entspannt ab.

Rua do Campo Alegre 1256, T 226 09 97 23, www.spasozen.com, Di–Sa 10–20 Uhr

Weintherapie

The Yeatman 🗺 südl. H 8

In einer Weinregion eigentlich naheliegend: In zehn Sälen wird in Rotweinessenzen gebadet, oder in Wein und Honig, oder der Körper wird massiert. Dazu ein Panoramablick über Douro und Stadt vom anderen Flussufer.

Rua do Choupela 345, T 220 13 31 18, www.the-yeatman-hotel.com/pt/spa-porto, Mo–Mi 10–20, Do–So 10–21 Uhr

Ü
ÜBRIGENS

Ob Sie wieder hinausfinden aus dem **Buchsbaumlabyrinth?** Immerhin eines der größten im südlichen Europa. Wenn's klappt, gelangen Sie an eine südamerikanische Araukarie, deren Höhe rund 30 m misst. Das Ganze befindet sich im weitläufigen Garten der kirchlichen **Casa da Prelada** an der Rua dos Castelos 485 (🗺 F 1). Dieser wurde im 18. Jh. nach Plänen des italienischen Architekten Nasoni angelegt und im 19. Jh. umgestaltet. Einen See gibt's hier auch, außerdem einen Obstgarten (Mo–Fr 9–12.30, 14–17 Uhr).

Für Zwei

Oporto Medical Spa 🗺 C 2

Paare können beim Programm Romeo und Julia ausspannen, er bei einer Ayurveda-Massage, sie bei einer Heiße-Steine-Anwendung.

Rua de São João de Brito 610 – S/3, T 226 16 30 30, www.oportomedicalspa.com, Mo–Fr 8–20, Sa 9–17 Uhr

Frisch gemachtes Bett

Die Bettdecke wurde eben gerade für Sie aufgeschlagen. In einem zeitgemäß ausgestatteten Zimmer im historischen Stadthaus. Auch wenn viele Gebäude in der Innenstadt einen heruntergekommenen Eindruck machen, erstrahlen immer mehr in neuem Glanze. Saniert auch dank der zunehmenden Zahl an Urlaubern, die ein schönes Plätzchen zum Übernachten suchen. Und es im Luxushotel im einstigen Klostergebäude finden. Oder im Hostel, das in eine Kunstgalerie gezogen ist. Vielleicht auch umgekehrt, die Galerie ins Hostel.

Die mittlerweile überwundene Wirtschaftskrise hatte so manchen Eigentümer zur Vermietung seiner zuvor leer stehenden Wohnung an Reisende animiert. Nach gründlicher Renovierung, versteht sich. Und individuell gestaltet. Selbstverständlich gibt es weiterhin die Traditionshäuser, die ihren nostalgischen Charme in die Neuzeit gerettet haben. Für jeden Geschmack und Geldbeutel lässt sich also das passende Bett finden. Klingt platt, trifft aber auf Porto wirklich zu.

Freilich, wo Licht ist, ist auch Schatten. So attraktiv so manches Apartment ist, so schön das neue Hotel im alten Palast – dieser Wohnraum ist nun vergeben. So manch früherer Mieter wurde an den Stadtrand verdrängt. Doch auch hier gibt's wieder zwei Seiten. Als Ausgleich tragen die Besucher zu einer bisher noch nie gekannten Lebendigkeit im Zentrum bei. Und eben zum Sanierungsschub.

Wer privat wohnt, kann je nach Lust und Laune ganz bequem ›zuhause‹ frühstücken.

ZUM SELBST ENTDECKEN

Hostels erleichtern das Kennenlernen gleichgesinnter Reisender. Und der Clou für alle, die einen persönlichen Bereich suchen: Die Hostels in Porto bieten **Privatzimmer** zusätzlich zu den **Schlafsälen** an. Übersicht unter www.german.hostelworld.com.

Kurzurlauber zieht's ins Zentrum. Entweder in die obere Altstadt rund um die **Baixa.** Das heißt meist, dass es zum Schluss eines Stadtspaziergangs oft bergauf geht. Die Alternative: unten wohnen in der **Ribeira** und Umgebung, dann läuft's umgekehrt.

Private Ferienwohnungen sind auf **Internetportalen** wie www.airbnb.de gelistet, viele zudem auf www.booking.com, das v. a. Hotels vermittelt, wie auch www.hrs.de, www.hotel.de. Manchmal aber ist's direkt bei der Unterkunft günstiger.

Erholung im Zentrum

Flores Village Hotel & Spa

Karte 2, B 2

Das hat schon was, hier in der schönsten Straße von Porto. Ein vierstöckiger, weiß-blau gekachelter Stadtpalast aus dem 18. Jh. wurde innen unter Erhalt historischer Stilelemente vorsichtig modernisiert und um einen, vielleicht etwas kleinen Wellnessbereich erweitert. Entstanden sind 20 großzügige Zimmer und Apartments. Ruhiger Garten nach hinten, in dem ein steinerner Brunnen plätschert.

Rua das Flores 139, T 222 01 34 78, www.floresvillage.com, DZ 140–280 €

Stylisch grün

4rooms Karte 3, D 7

Pritzker-Preisträger Eduardo Souto de Moura sanierte das Gebäude nahe am Atlantik und portugiesische Designer entwarfen die Einrichtung der vier unterschiedlich großen Zimmer (13–36 m²). Das Haus ist Träger des europäischen Öko-Labels.

Rua do Padre Luís Cabral 1015, T 910 59 44 99 (mobil), www.4rooms.pt, DZ ab 115 € ohne Frühstück

Hinter den Kulissen

Teatro Karte 2, C 2

1859 wurde hier das Theater Baquet gegründet, jetzt nimmt das Hotel theatralische Stilelemente auf. Die Rezeption gleicht einem Kassenschalter, an dem Eintrittstickets für die in dunklen Tönen gehaltenen 74 Zimmer ausgegeben werden. Überhaupt ist alles schummerig hier, halt wie im Schauspielhaus.

Rua de Sá Bandeira 84, T 220 40 96 20, www.hotelteatro.pt, DZ 117–226 €

Stylischer Stilmix

Casa do Conto G 4

19. Jh. trifft Moderne. Antiquitäten aus der Bauzeit des Hauses im 19. Jh. stoßen auf zeitgenössisches Designermobiliar. Sieben mindestens 30 m² große Zimmer, davon zwei mit Kitchenette. Vor dem Einschlafen können Sie an der Decke einiges über die Bauweise des Hauses lesen, leider nur in Portugiesisch. Bücher für die Gäste führt die Bibliothek, für den Aufenthaltsraum oder den Garten.

Rua da Boavista 703, T 222 06 03 40, www.casadoconto.com, DZ 89–159 €

Riesenräume

Malmerendas Boutique Lodging

Karte 2, D 1

Die sechs Zimmer um eine Wendeltreppe im historischen Stadthaus sind 29 bis 44 m² groß, so passt auch eine Kochnische hinein. Einrichtung zeitgenössisch-retro. Ein Loft im oberen Stockwerk besitzt eine eigene Terrasse, auch unter dem Dach gibt's ein Bett, der zugehörige Aufenthaltsraum liegt darunter.

Rua Dr. Alves da Veiga 186, T 963 39 49 56 (mobil), www.malmerendas.com, DZ ab 100–150 € ohne Frühstück

Voller Eleganz

Casa dos Loíos Karte 2, C 2

Das Wohnhaus aus dem 19. Jh. wurde vorbildlich restauriert, wobei Eichendielen, Wandmalereien und Holzkastendecken erhalten blieben, wo dies möglich war, und um moderne Stilelemente ergänzt wurden. Wie in alten Gebäuden üblich, sind die 13 Zimmer unterschiedlich groß, entsprechend unterschiedlich fallen die Preise aus. Genial ist der 40 m² große Deluxe Family Room unter farbig bemaltem Stuck.

Largo das Lóios 47, T 914 17 69 69 (mobil, von 8–17 Uhr), https://shiadu.com/en/accommodation/casa-dos-loios-en/, DZ 80–160 €

Für Bücherwürmer

Casa 45 Karte 2, B 1

Vier Zimmer in einem entkernten und dann innen komplett neu konstruierten Haus in einer schmalen Altstadtgasse, in der sich zahlreiche Antiquariate und Buchhandlungen angesiedelt haben. Eine eigene Bibliothek besitzt die Unterkunft natürlich auch, doch der eigentliche Hit ist der Raum im Dachgeschoss mit Terrasse und Stadtblick.

Rua do Pinheiro 45, T 914 69 40 82 (mobil), auf Facebook, DZ 70–120 €

Hotelschule
Artist Porto K 5

In der Unterkunft mit 33 m² großen, mit Pepp eingerichteten 17 Zimmern sammeln die höchst motivierten Schüler der Tourismusschule erste Praxiserfahrungen. Beliebt sind ihre Tipps zum Nachtleben. Empfehlenswertes Restaurant.

Rua da Firmeza 49, T 220 13 27 00, www.shotelscollection.com/the-artist, DZ 65–170 €

Grande Hotel do Porto

Fürstliches Ambiente
Grande Hotel do Porto

Karte 2, D 1

Könige, Schauspieler und auch der Dalai Lama haben schon die Gemächer dieses Hauses bewohnt, der Glanz spiegelt sich in Aufenthaltsräumen und Frühstückssaal nieder. Die Zimmer sind weitgehend sachlich-modern eingerichtet und in der Basiskategorie recht klein. Top ist die Lage in der zentralen Fußgängerzone.

Rua de Santa Catarina 197, T 222 07 66 90, www.grandehotelporto.com, DZ 70–265 €

Frisch umsorgt
Miss'Opo Karte 2, B 2

Trendy Studios und Apartments unterschiedlicher Größe (für 2–6 Pers.) von Frauen geführt, aber beileibe nicht nur für Frauen. Für den Umbau eines ehemaligen Kurzwarenlagers wurden traditionelle Materialien in einen zeitgemäßen Kontext gestellt. Dazu Café, Bar und Restaurant (Eingang auf der anderen Hausseite) mit kreativ variierten portugiesischen Speisen samt vegetarischen Optionen.

Rua de Trás 49 (Rezeption), T 222 08 21 79, www.missopo.com, für 2 Pers. 75–130 €

Castle in the City
Castelo Santa Catarina K 4

Wäre das etwas: ein Stadtschloss mit exotischem Garten, mit einer Grande Suite im 4. Stock (kein Aufzug) und Blick über Porto? Die Basiszimmer sind allerdings ein wenig klein. Und ein bisschen Mogelei ist auch dabei, das Gebäude wurde erst Anfang des 20. Jh. errichtet, aber immerhin im Stile einer historischen Ritterburg.

Rua de Santa Catarina 1347, T 225 09 55 99, www.castelosantacatarina.com.pt, DZ 70–135 €

Cool
Invict Karte 2, B 3

Vier helle große Räume in einem traditionellen Wohnhaus des 19. Jh. Das Design ist minimalistisch, quasi als Gegenstück zum benachbarten prunkvollen Börsenpalast. Top ist das Studio Topmast, von dem sich ein schöner Blick auf den Douro bietet.

Rua de São Francisco 7, keine tel. Reservierung, www.innvict.com, DZ um 85 €

Träume schön vom Portwein
Decanting Porto House

Karte 2, D 1

Die Wand am Kopfende des Bettes ist mit Transportkisten des süßen Tropfens gepflastert. Leider sind sie leer. Ansonsten sachlich-moderne Einrichtung, im Hinterhof lädt ein kleiner Garten mit Liegestühlen zum Entspannen ein.

Rua da Alegria 147, T 222 00 11 19, www.decantingporto.com, DZ 60–100 € ohne Frühstück

E EXTRA

Die Stadtverwaltung erhebt eine **Taxa turistica** von 2 €/Pers. und Nacht für max. sieben Nächte. Kinder bis 12 Jahre sind frei. Die Einnahmen fließen in Infrastrukturmaßnahmen, die Urlaubern und Einheimischen gleichermaßen zugute kommen: etwa die Anlage autofreier Plätze oder von Fußgängerzonen.

Das Gallery Hostel: nicht nur ein Hotel, sondern auch Galerie mit Ausstellungen heimischer Künstler, Location für Kunstevents – und ideal zum Relaxen

Im Kino

Moov Karte 2, D 2

1839 beherbergte das Gebäude das Café Águia d'Ouro, dann folgte ein Kino gleichen Namens. Und nun erinnern die Filmplakate an diese Geschichte. Die Fassade ist Art déco, die 15 bis 20 m² großen Zimmer sind aktuell schlicht möbliert. Kleiner begrünter Innenhof.

Praça da Batalha 32, T 220 40 70 00, www.hotelmoov.com, DZ 57–129 €

Apartments mit Service

Loftpuzzle Karte 2, C 2

Zwölf großzügige Open-Space-Studios mit Küchenzeile und Hotelservice. Bettwäsche, Handtücher werden gestellt, die Endreinigung ist inklusive. Der Betreiber besitzt drei weitere Häuser in allerdings nicht ganz so zentraler Lage.

Largo dos Lóios 15, T 915 41 08 44 (mobil), www.bnapartments.com, Studio 65–100 € ohne Frühstück

Für Kunstbeflissene

Gallery Hostel Karte 2, A 1

In der Galerienstraße und mit eigener Galerie, Schlafsäle im Haupt-, vier Privatzimmer im Gartengebäude. Kunstevents werden im Haus organisiert, und die Mitarbeiter sind selbstverständlich Kunstkenner.

Rua Miguel Bombarda 222, T 224 96 43 13, www.gallery-hostel.com, Bett im Schlafsaal ca. 25–27 €, DZ 65–100 €

Für Filmfans

Rivoli Cinema Hostel Karte 2, C 2

Farbenfroh mit Kinoplakaten dekorierte 14 Zimmer, aufgeteilt in Privaträume und Schlafsäle mit vier Betten, gemischt oder nur für Frauen. Die moderne Gemeinschaftsküche steht allen offen. Mehr als nur ein Gag ist die ausgedehnte Sommerterrasse mit aufblasbarem Pool.

Rua Dr. Magalhães Lemos 83, 1. Stock, T 220 17 46 34, www.rivolicinemahostel.com, Privatzimmer um 55 €, Bett im Schlafsaal 13–20 €

Abendessen gewünscht?

Cats Hostel Karte 2, C 2

Die 124 Betten verteilen sich auf 16 Schlafsäle (für Frauen oder gemischt), Zimmer für größere Gruppen und private DZ mit Bad. Die Betten in den Sälen sind durch Vorhänge getrennt. Abends wird preiswertes Essen gekocht, zudem ist die Küchenbenutzung frei. Sonnenterrasse.

Rua do Cativo 26–28, T 220 04 30 30, www.catshostels.com/porto, Bett im Saal 13–24 €, DZ 60–80 €

Kleine Französinnen zum Knabbern

Das Klischee trifft schon voll zu! Frischen Fisch gibt's in Porto allerorten. Meist im Ganzen über Holzkohlen gegrillt. Gewürze? Nur Salz und Pfeffer. Und Koriandergrün. Eigentlich könnten Sie so den Speiseplan des gesamten Urlaubs füllen. Einiges Interessante würden Sie dann freilich verpassen.

Den *Bacalhau à Gomes de Sá* zum Beispiel. Senhor Gomes war Stockfischhändler und erfand ein Gericht ähnlich dem Bauernfrühstück, wobei der Speck durch getrockneten Kabeljau ersetzt wird. Oder die *tripas,* Kutteln in allen nur erdenklichen Variationen. Und eben die Kleinen Französinnen (port. *francesinhas).* Bestehend aus Toastbrot, geräucherter Schweinewurst, gekochtem Schinken, Rinderhack. Das Ganze überbacken mit Käse und in einer dicken Soße aus Tomaten, Bier und scharfen Pfefferschoten gereicht.

Wirkliche Französinnen werden also nicht verwurstet. Aber dieses kalorienreiche Essen gilt gerade bei jungen Menschen als hip. Doch ebenfalls hoch im Kurs steht Vegetarisches, von einfach bis niveauvoll. Oft klassischen portugiesischen Rezepten folgend, sind Fleisch und Fisch durch Gemüse ersetzt. Viele Köche wagen sich an eine zeitgenössische Verfeinerung der traditionellen Rezepte. Dann wird das sanft gedünstete Steinbuttfilet auf grünem Spargel, geschwenkt in Olivenöl, kredenzt.

Aperitivo mit Meerblick? Mit dem Bus 500 sind die Bars und Restaurants am Atlantik schnell erreicht.

ZUM SELBST ENTDECKEN

An der **Ribeira** am Ufer des Douro reiht sich ein Restaurant ans nächste. Hierhin geht, wer direkt am Fluss sitzen will und dafür ein wenig auf die Essensqualität verzichtet. Die Angebote ähneln sich. Aber die Lage ist schon wirklich toll.

Feinere Küche, aber nicht überkandidelt, bieten eine Handvoll Köche, die sich rund um den historischen Platz **Largo São Domingos** niedergelassen haben. Die abzweigende **Rua das Flores** säumen einige Kneipen ebenfalls mit modernem Ansatz, und zwei Preisstufen niedriger.

Freien Blick auf den Atlantik bieten die Strandbars am Uferweg im westlichsten Stadtteil **Foz do Douro**. Dazu Snacks und komplette Mahlzeiten. Hinter den Avenidas do Brasil und de Montevideu.

SO BEGINNT EIN GUTER TAG IN PORTO

Meist gibt's ein Frühstücksbuffet in der Unterkunft zum Bett dazu. Wer Alternativen sucht, ist in der Pastelaria um die Ecke gut aufgehoben, wo es ein süßes Teilchen zum starken Kaffee gibt oder auch einen Toast.

Süßer Auftakt

Chocolataria das Flores

Karte 2, B 2

Die Spezialität für den Tagesauftakt und für die restlichen Stunden ebenso: Schokolade mit Portwein. Oder vielleicht lieber die Schoko-Cookies mit einem heißen Kakao? Dazu gibt es von der Besitzerin selbstgemachte Marmelade für die Toasts, falls jemand keine Schokolade wünscht.

Rua das Flores 121, T 220 18 58 92, auf Facebook, tgl. 9.30–19 Uhr

Stilvoll locken die Cafés zum Besuch

Zum Ratschen

The Traveller Caffé Karte 2, D 2

Bei einem Fitnessfrühstück mit Müsli, Obst und Joghurt bis zum Komplettbrunch tauschen sich Reisende und junge Portuenser über ihre Erlebnisse aus. Oder blättern in den nationalen und internationalen Magazinen.

Rua de Passos Manuel 165, T 222 08 34 76, www.facebook.com/thetravellercaffe, Mo–Do 8.15–19, Fr/Sa 8.15–2, So 8.45–20 Uhr

Italienisch angehaucht

Moustache Karte 2, B 1

Auf zwei Stockwerken in einem schmalen Häuschen und auf der Terrasse frühstückt es sich entspannt mit Ferrero-Rocher-Kuchen und Nutellabrot, ist der süße Brotaufstrich aus Italien doch auch in Porto schon längst heimisch geworden.

Praça Carlos Alberto 104, T 222 08 29 16, http://moustache.pt, Mi–Mo 9-19 Uhr

Echter Kaffee

C'alma Karte 2, C 2

Wer an den üblichen Filterkaffee aus der Packung gewohnt ist, lernt bei den Spezialmischungen aus Produktionsländern wie Äthiopien einen ganz neuen Geschmack auf der Zunge kennen. Ebenso intensiv schmecken die selbst gebackenen Kuchen der Buchautorin Mafalda Agante.

Rua Passos Manuel 44, T 913 70 46 00 (mobil), auf Facebook, Mo–Sa 9–18 Uhr

WO ESSEN AUF NACHHALTIGKEIT TRIFFT

Vegetarisch vom Feinsten

Essência F 2

Der etwas andere Vegetarier in Porto: Dank des stilvollen Ambientes, dank eines ruhigen, pflanzengeschmückten Innenhofs, zuvorderst aber dank fantasievoller Küche, wie Kartoffelkuchen, verfeinert mit Kapern, Oliven, Mandeln und mit Käse überbacken. Für nicht vegetarische Begleitpersonen werden schamhaft wenige Fleisch- und Fischgerichte auf der Karte versteckt.

Rua de Pedro Hispano 1196, T 228 30 18 13, www.essenciarestaurantevegetariano.com, Mo–Sa 12.30–15, Mo–Do 20–22.30, Fr/Sa 20–24 Uhr, Hauptgerichte 10,50–16 €

Trügerischer Name

Em Carne Viva E 4

Nordportugiesische Regionalküche, in der Fleisch und Fisch durch Gemüse und Früchte ersetzt werden. So entsteht aus dem bekannten *Ameijoas de Bulhão Pato* die *Cogumelas do Bulhão Pato* – die eigentlich vorgesehenen Muscheln werden durch Pilze in einer Soße aus Olivenöl, Zitronensaft, Knoblauch und Koriandergrün ersetzt. Dies als Vorspeise. Und als Hauptgang vielleicht in

Weißwein mariniertes, gegrilltes Endiviengemüse, angerichtet auf Roter Beete, einer Saubohnencrème und Streuseln aus Zwiebeln und Lauch?

Av. da Boavista 868, T 932 35 27 22 (mobil), www.emcarneviva.pt, Mo–Sa 12–15, 19–22 Uhr, Hauptspeisen 13–20 €, Degustationsmenüs 49–68 €

Entmystifizierung

Lupin F 5

Das selbst gesteckte Ziel ist nicht weniger, als die vegetarische Küche bei Allesfressern von ihrem Stigma zu befreien und allen im wahrsten Sinne schmackhaft zu machen. Das Essen in sachlichem Ambiente entspricht vielleicht nicht ganz diesem hohen Anspruch, ist aber doch empfehlenswert, z. B. der Linseneintopf, Falafel mit Petersilie und Koriander oder die Tofu-Gerichte.

Rua Arquitecto Marquês da Silva, 74, T 223 29 09 10, Di–Sa 19–23 Uhr, Hauptspeisen um 10 €

Mittags im Garten

Quintal Bioshop Karte 2, A 1

Eigentlich ein Bioladen, aber der grüne Innenhof mitten in der Stadt lockt zu einer Pause bei einem der frisch gepressten Säfte und einem Snack. Oder zum schlichten Mittagessen, oft gibt's Brätlinge. Zum Kaffee folgt ein toller Apfelkuchen. Auch Kochkurse.

Rua do Rosário 177, T 222 01 00 08, auf Facebook, Mo–Sa 10.30–20 Uhr, Essen 12.30–14.30 Uhr, Gerichte ca. 6 €

Der Klassiker

Suribachi L 6

Ältester und seit 1978 immerfort beliebter Vegetarier, was auch am ganzheitlichen Konzept liegen dürfte. Zum Restaurant gesellen sich ein Ökoladen und mehrere Heilpraktiker. Die frisch zubereiteten und sehr preiswerten Gerichte gibt es so lange, bis die Zutaten aufgebraucht sind. Kenner setzen sich in den ersten Stock und bei schönem Wetter in den Laubengang. Es wird viel mit Soja und Hülsenfrüchten gekocht, Ausgabe am Tresen.

Rua do Bonfim 136/140, T 225 10 67 00, auf Facebook, Mo–Sa 9–22 Uhr, Hauptspeisen ca. 5, Menüs um 7 €

Auf der Schaukel

Cultura dos Sabores

Karte 2, B 1

Der Clou sind die hängenden Fensterplätze im Obergeschoss – hier sitzen Sie wie auf einem Spielplatz auf einfachen Holzschaukeln! Mittags gibt's ein vegetarisches und veganes Buffet, unterteilt in kalte und warme Speisen, dazu schöne Salate. Ansonsten frisch gepresste Säfte, Tees, vegane Kuchen und fleischlose *francesinhas.*

Rua de Ceuta 80, T 222 01 05 56, auf Facebook, tgl. 12–16, 18–23 Uhr, Buffet 9–12 €

Umtriebig

daTerra Karte 2, C 2

Im hell und sachlich eingerichteten Esssaal wird mittags und abends ein preiswertes Buffet aufgebaut, mit oft sehr phantasievollen Speisen, wie Spinat in Blätterteig, gratiniertem Gemüse und Champignons mit veganem Käse, Kürbis mit Rucula-Pesto. Besonders beliebt bei Angestellten und Geschäftsleuten aus der Umgebung, sodass es inzwischen schon mehrere Filialen gibt. Nachmittags gibt's Gebäck und Kuchen zu Café oder Tee.

Rua de Mouzinho da Silveira 249, T 223 19 92 57, www.daterra.pt, tgl. 8.30–23 Uhr, Menü mittags 7,50 €, abends und Wochenende 10 €

ESSEN IN DER MARKTHALLE

Heutzutage muss ja alles weltmännisch klingen. Also wurde dem **Mercado Bom Sucesso** (F 4) ein *urban concept* verpasst. Das bedeutet: Zwischen den Obst- und Gemüseständen sammeln sich Bars und Restaurants in der lichten Halle. Mit Angeboten (fast) aus der ganzen Welt, von Portugiesisch bis Japanisch, vom Fassbier zum Champagner.

Praça Bom Sucesso, So–Do 10–23, Fr/Sa 10–24 Uhr, Markt nur Mo–Sa 9–20 Uhr

Frisch gepresste Säfte gibt es nicht nur in den vegetarischen Lokalen, sondern auch in den zahlreichen Cafés und Bars der Stadt.

Institutionen und Szenetreffs

Treff der Künstler und Politiker

Cafeína Karte 3, D 6

Schöne Salate und mediterran-französisch inspirierte, verfeinerte portugiesische Gerichte, wie Wolfsbarschfilet mit Bacalhaubällchen, Garnelen und Rucola. Passende Weinauswahl, natürlich dominiert die Douro-Region.

Rua do Padrão 100 (Foz), T 226 10 80 59, www.cafeina.pt, tgl. 12.30–16, 19.30–0.30 Uhr, Salate um 14 €, sonst um 19 €

Tradition trifft Moderne

Traça Karte 2, B 3

Junge Szene und gutbetuchtes Alter lassen sich die hochwertige einheimische Kost in modischem Ambiente schmecken. Fleischgerichte bestimmen die Karte, toll schmeckt die Lammhaxe, in der Saison lockt Wildbret, wie etwa die Wildschweinhaxe, die mit einer Mischung aus Ziegenkäse und Leber gefüllt ist.

Largo de São Domingos 88, T 222 08 10 65, www.restaurantetraca.com, So–Do 12–15, 19–23, Fr/Sa 19.30–1 Uhr. Hauptspeisen 15–25 €, unter der Woche günstiger Mittagstisch

Beim Jahreskoch

Cantina 32 Karte 2, B 3

Inhaber Luís Américo war schon einmal (2004) Koch des Jahres in Portugal. Seitdem hat er nichts verlernt. Große Auswahl an kleineren Speisen um 8 € zum Teilen (drei bis vier reichen für zwei Esser) wie Portobello-Pilze mit karamellisiertem Ziegenkäse, geräuchertem Schweinebauch und Paprikakompott. Schön ist eine Zusammenstellung *(seleção de tudo)*, dazu müssten Sie aber mindestens drei Hungrige zählen. Außerdem einige Hauptspeisen um 18 €, darunter besonders zu empfehlen der Stockfisch aus dem Ofen. Kleiner Gag zum Auftakt: Die Butter schmeckt nach Banane.

Rua das Flores 32, T 222 03 90 69, auf Facebook, Di–Do 12.30–15, 18.30–22.30, Fr/Sa bis 3 Uhr

Für die ganze Familie

Casa Nanda K 5

Hausmannsküche, seit Jahrzehnten unverändert. Und das ist ein Lob. Weißfischfilet und Ochsenkotelett sind empfehlenswert, die Sardinenfilets etwas Besonderes. Und der Pfirsichsalat zum Dessert. Doch eines ist neu: das Graffiti an der seitlichen Außenwand.

Rua da Alegria 394, T 225 37 05 75, auf Facebook, Di–Sa 12–15, 19–22 Uhr, So nur mittags, Hauptspeisen 10–14 €

Ewiger Klassiker

Abadia Karte 2, D 1

Großes Restaurant mit großer Auswahl, die sich bei Einheimischen und Urlaubern gleichermaßen großer Beliebtheit erfreut. Empfehlenswert sind Wildschwein *(javali)* und Zicklein *(cabrito)*, auch wenn die Soße eine leichte Instant-Note zeigt. Die fehlt bei den prima Sardinen und der gegrillten Krake *(polvo)*. Die Kellner sind sehr aufmerksam.

Rua do Ateneu Comercial do Porto 22–24, T 222 00 87 57, www.abadiadoporto.com, Mo 18.30–23, Di–Sa 12–15, 18.20–22.30 Uhr, Hauptspeisen 11–25 €

Möglichkeit am Fluss

Adega São Nicolau Karte 2, B 4

Am Douroufer, aber doch ein paar Schritte weg und vielleicht deswegen mit seinen wenigen Tischen nicht ganz so touristisch, wenn sich das in der Ribeira überhaupt sagen lässt. Viele Portuenser bestellen das Tintenfischfilet.

Rua de São Nicolau 1, T 222 00 82 32, Mo–Sa 12–15, 19–23 Uhr, Hauptspeisen 10–17 €

Übertrieben?

Casa Aleixo M 6

Viele Portuenser schwören darauf, dass das Tintenfischfilet *(filetes de polvo)* aus der Casa Aleixo zumindest in Portugal nicht seinesgleichen findet. Dazu wird – genau wie zum fast ebenso guten Fischfilet *(filetes de pescada)* – ein saftiger Tintenfischreis gereicht.

Rua da Estação 216, T 308 80 13 52, www.facebook.com/restaurantealeixo, Mo–Sa 12–14.30, 19.30–22 Uhr, Hauptspeisen 13–17 €

Warten auf's Dessert

Antunes J 5

Frisch zubereitetes Fischfilet (von echtem Fisch, nicht aus der Tiefkühltruhe) und Schweinshaxe könnten die Hauptspeisen in diesem ausgezeichneten Traditionslokal bilden, doch das beste kommt zum Schluss. Preisgekrönt sind die *rabanadas*, so eine Art Armer Ritter. Das Rezept hält Chef Nuno Fernandes eigentlich geheim, aber so viel sei verraten: Zur Mischung aus altbackenem Weißbrot, Milch und Eiern kommt noch ein wenig Portwein hinzu.

Rua Bonjardim, 525, T 222 05 24 06, http://restantunes.pai.pt, Mo–Sa 12–15.30, 19–22 Uhr, Hauptspeisen 7–16 €

Table with a View: Die Restaurants in Vila Nova da Gaia, auf der anderen Seite des Douro, punkten besonders mit dem Panorama von Porto.

Edle Alternative

Casário Karte 2, C 3
Wer dem Tourismuseinheitsbrei an der Ribeira entfliehen will, findet auf der Terrasse über dem Fluss oder im lichten Saal mit nur 24 Plätzen schmackhaft verfeinerte Traditionsspeisen, etwa marinierten Wolfsbarsch mit Kräutern *(robalo)* oder zartes Lammfilet *(borrego)*, Beilage Kirchenerbsenpüree mit Stein- und Trompetenpilzen.
Praça da Ribeira/Viela do Buraco 19, T 227 66 22 70, www.grancruzhouse.pt/restaurant, Di–Sa 12.30–15, 19–22, So 12.30–15 Uhr, Hauptspeisen 18–24 €, Mittagsmenüs 32–36 €, abends 48–58 €

Wie bei Muttern

Caraças Karte 2, B 3
Die Mama heißt in dem Fall Maria Luisa und steht in ihrer offenen Küche. Die ist winzig klein, also gibt's pro Tag meist nur je zwei deftige Hauptspeisen, einmal Fisch, einmal Fleisch. Mittags extrem günstig, abends mit leichtem Aufschlag. Kleine Terrasse, Reservierung angeraten.
Rua das Taipas 27, T 220 17 45 05, auf Facebook, Mi–Sa 11.30–14.30, 19.30–23, Di 11.30–14.30 Uhr, Hauptspeisen mittags ca. 6, abends ca. 10 €

Von Port umgeben

Zé Bota Karte 2, B 2
Seit 1943 weiß das schlichte Lokal die Gäste zufriedenzustellen, derzeit mit vielen Stockfischvariationen, aber auch mit dem *rosbif.* Die auf einem Blatt teils per Hand notierten Tagesgerichte sind garantiert frisch gekocht, die Wände mit Weinkistendeckeln dekoriert.
Travessa do Carmo 20, T 222 01 05 10, Mo–Fr 12–15, 19.30–22.45 Uhr, Sa nur abends, Hauptspeisen 11–17 €

Kreative Kleinigkeiten

Nabos da Púcara Karte 2, B 1
Kombination aus Gourmetladen und Restaurant mit kleinen Speisen. Fast schon Berühmtheit genießen die Makrelen, die sechs Stunden in Olivenöl, Essig und Zwiebeln eingelegt werden *(cavala marinada).* Ebenso beliebt sind die Miesmuscheln mit Safran.
Rua da Picaria 40, T 223 22 22 22, www.facebook.com/mercearianabosdapucara, Di–Sa 10–23.30 Uhr, kleine Speisen 4–9 €

Sandwich-Tradition

Tasca da Badalhoca nördl. B 3
Die Kneipe ist bei Einheimischen eher unter dem Namen Adega Carocha bekannt und steht seit 1965 für Schinkensemmeln mit und ohne Ei. Mittlerweile gibt es dazu rund 20 andere Sandwiches, von Bacalhau bis Blutwurst, von Käse bis Saumagen. Verzehrt wird im

FRANCESINHAS: FETTIG, ABER SOOOO BELIEBT

Bestenlisten für die *francesinhas,* den voll fettigen und doch so beliebten Toast, gibt's einmal für Studenten oder für Geschäftsleute und für Familien und … Ganz oben auf allen Listen finden sich immer wieder **Bufete Fase** (K 4), wo die Wurst nicht zwischen, sondern auf die Brotscheiben gelegt wird (Rua de Santa Catarina 1147, Mo–Fr 12–16, 18–21.30 Uhr), **Cantina 32** dank der Qualität der Zutaten (► S. 93) und das allerdings etwas abseits gelegene **Capa Negra II** (F 5), das die beste Soße reichen soll (Rua do Campo Alegre 191, Mo–Sa 12–2, So 12–24 Uhr). Geradezu als göttlich beschreiben die Fans die Speise im **Café Santiago** (Karte 2, D 2), in dem die Soße nach Belieben nachgereicht wird (Rua de Passos Manuel 198, Mo–Sa 11–23 Uhr).

T
TRIPAS

20 000 Soldaten und Seefahrer auf der ersten Seefahrt nach Ceuta brauchten eine riesige Menge an Verpflegung. Diese spendeten mehr oder weniger freiwillig die Einwohner Portos, denen nur die leicht verderblichen Innereien blieben. Und das im Sommer. Da machten sie aus der Not eine Tugend und erhoben die Kutteln *(tripas)* zu ihrem Leibgericht. Seither werden die Portuenser als *tripeiros* bezeichnet, und inzwischen tragen sie diesen Namen, ›Kuttelfresser‹, mit Stolz. Praktisch alle Restaurants führen diese ›Spezialität‹ auf ihrer Speisekarte. Für die Verbreitung des Gerichts setzt sich die »Bruderschaft der Kutteln nach Art von Porto« ein. Dieser Eintopf *tripas à moda do Porto* verlangt neben den Kutteln verschiedene andere Fleischstücke, Würste und getrocknete Bohnen.

Stehen, denn Tische finden in der Enge unter den von der Decke hängenden Schinken keinen Platz.

Rua Dr. Alberto Macedo 437, T 222 61 85 32, Mo–Fr 9–14, 15.30 bis ca. 20, Sa 9 bis ca. 14 Uhr, Sandwiches 1,50–2,50 €

EXPERIMENTIERFREUDIG UND UNGEWÖHNLICH

Da ist Musik drin
Casa da Música F 4

Kunstvoll kreativ ist das Motto im 7. Stock des Konzerthauses, was verfeinerte portugiesische Kost mit internationalem Einschlag heißt, etwa die Rotbarben auf einem Risotto aus Krebsfleisch und Bitterspargel mit Orangensoße. Dazu Risotto- und Nudelgerichte. Zu Konzerten werden programmatisch abgestimmte Menüs arrangiert.

Av. Boavista 604, T 220 10 71 60, www.casadamusica.com, Mo–Do 12.30–15, 19.30–23, Fr/Sa bis 24 Uhr, Hauptspeisen 13–18 €

Spezialität Elefantenohren
Cruel Karte 2, B 1

Na ja, ganz so grausam geht's im Cruel denn doch nicht zu. Die auf der Speisekarte angepriesenen Ohren des Dickhäuters entpuppen sich als riesiges Schweineschnitzel, das für mindestens drei Esser reicht. Und auch wenn im Couscous-Gemüse-Salat scharfe Chilischoten versteckt sind, ist er nicht nur genießbar, sondern wirklich schmackhaft. Wer sich aber trotzdem nicht daran versuchen mag: Es gibt zusätzlich je eine Speisekarte für die ›Vorsichtigen‹ und für die ›Angsthasen‹.

Rua da Picaria 86, T 222 01 03 26, http://cruel.pt, Fr 12.30–14.30, Sa/So 13–15, tgl. 19.30–mind. 24 Uhr, Hauptgerichte auch zum Teilen, dann um 7 €/Pers.

In der Schule
A Escola by the Artist K 5

Die zukünftigen Köche und Kellner haben Unterricht. Und die Gäste dürfen genießen. Im Restaurant der staatlichen Tourismusschule. Mit Anspruch, auch wenn nicht immer alles auf Anhieb klappt. Beispiel? Muschelsuppe mit Kapernpesto und Brotstückchen mit Tintenfischtinte. Reservierung bis 11 Uhr ist Voraussetzung.

Rua da Firmeza 49, T 220 13 27 00, www.shotelscollection.com/restaurant/a-escola-by-the-artist, Mo–Fr 12.30–22.30, Sa bis 23.30, So bis 14.30 Uhr, Mittagsmenü 9,50 €, abends 30–40 €

Für Zugfahrer
Bar Social dos Ferroviários
M 6

Keine Schwellenangst! Die Kantine der Eisenbahner ist zwar selbst den meisten Einheimischen unbekannt, steht aber allen offen, die ein reichhaltiges, kostengünstiges Menü wünschen, das aus der offenen Küche gereicht wird, etwa Fischfilet oder Schweinebraten.

Bahnhof Campanhã, Largo da Estação (kleiner Weg rechts vom Bahnhof), keine Reservierung, Mo–Fr 7–21 Uhr, Hauptspeisen um 6 €

Kreativ und experimentierfreudig ist in Porto nicht nur die Küche: Viele Restaurants, wie die Typographia Progresso, bewirten ihre Gäste in ausgefallenem Ambiente.

Solidarisch im Urlaub

Português de Gema Karte 2, B 3

Sé ist ein benachteiligter Stadtteil, eine Sozialeinrichtung beschäftigt Arbeits- und Obdachlose in dem Wiedereingliederungsprojekt. Das einfache Essen weiß zu überzeugen. ›Waschechter Portugiese‹ bedeutet übrigens sinngemäß der Kneipenname, und wörtlich: Eigelb-Portugiese. Ein Wortspiel.

Rua de Sant'Ana 33, T 933 73 08 74 (mobil), auf Facebook, Mo–Sa 12–15, 19–22 Uhr, Hauptspeisen 9,50–13 €

Solidarisch und exquisit

Torreão Karte 2, A/B 3

Ein Teil der Einnahmen dieses gehobenen Restaurants fließen in karitative Projekte. Für sich alleine vielleicht kein Grund, hier zu essen, aber das schmeckt richtig gut: die Nudeln mit Garnelen und in Moscatelwein gedünsteten Jakobsmuscheln, oder das Rebhuhn mit Trauben und Pilzen. Ebenso attraktiv: zwei kleine, nobel eingerichtete Speiseräume und der Blick über den Douro, besonders von der Terrasse.

Rua das Virtudes 37, T 919 47 10 37, www.torreao.pt, Mo–Do 12–15, 19–22, Fr/Sa bis 23.30 Uhr, Hauptspeisen 15–21 €

Schön bunt hier

Casa da Horta Karte 2, B 3

Ein Nachbarschaftstreff, der neben einem kulturellen Programm einfache, farbenfroh zusammengestellte vegetarische Speisen zu unschlagbar günstigem Preis anbietet, freitagabends etwa fleischlose *francesinhas*. Es gibt auch ein regelmäßiges deutsch-portugiesisches Zusammentreffen) und alternative Stadtführungen.

Rua de São Francisco 12 A, T 222 02 41 23, www.casadahorta.pegada.net, Di–Sa 12–24, Essenszeit 20–23 Uhr, Menü ca. 4 €

Zwischen altem Mobiliar

Typographia Progresso Karte 2, B 3

Wein, Käse, Wurst zu wunderbarem selbst gebackenem Brot gibt es ebenso wie schmackhafte Hauptgerichte von Stockfisch über Garneleneintopf bis Schnitzel. Außergewöhnlich das Ambiente: Gegessen wird zwischen den Maschinen der Druckerei aus früheren Zeiten, an der Wand hängt noch die riesige Werksuhr.

Rua do Dr. Sousa Viterbo 91, T 220 99 78 46, www.facebook.com/typographiarestaurante, Di–Sa 19.30–23, Fr–So 13–15 Uhr, Kleinigkeiten 3–9 €, Hauptspeisen 13–20 €

Trends und Traditionen

Wer hätte das gedacht? Aus Porto stammen Einkaufszentren in Deutschland, etwa das Berliner Alexa. Das mag ein Zufall sein, aber vielleicht liegt es auch daran, dass so viele Portugiesen moderne Shoppingcenter lieben – trotz eines breit gefächerten, bunten Einzelhandels: verwunschene Lädchen, die oft seit Generationen von der gleichen Familie betrieben werden. Und gleich daneben der aktuelle Szeneshop. In befruchtender Eintracht.

Klar, zum Shoppen im Urlaub gehört einige Muße. Doch ein bisschen Eile ist diesmal vielleicht sinnvoll. Die Existenz so manches Kleinods ist in Gefahr. Grund sind gesetzliche Veränderungen, die die staatlich reglementierten moderaten Mieterhöhungen nunmehr dem Spiel der Märkte überlassewn. Und da spielen die internationalen Ketten finanziell in einer anderen Liga.

Aber noch haben Sie die Auswahl. Angesagt sind heimische Erzeugnisse, produziert wie anno dazumal. In leicht nostalgischer Rückwendung oder gleichsam als Protest gegen profane Massenware. Seien es der Käse, der Wein oder die Schafswolldecke. Retro steht zudem hoch im Kurs und zeitgenössische Mode aus den Ateliers städtischer Couturiers.

Und wer zusätzlich doch ein riesiges Einkaufszentrum besuchen will, fährt mit der Metro zum Stadion des FC Porto und findet in 121 Läden auf den fünf Etagen der dortigen Shopping-Mall Dolce Vita durchaus auch Portugiesisches.

Durchaus tragbar: Anzuprobieren sind die Kreationen Katty Xiomaras in ihrem Portuenser Geschäft.

ZUM SELBST ENTDECKEN

Wunderschöne historische Geschäfte sammeln sich rund um die Markthalle **Mercado do Bolhão** (Wiedereröffnung für Mitte 2020 geplant). Dort finden Sie Gewürze, Kräuter, Trockenfrüchte, Stockfisch, Schinken, Käse, Tee, Kaffee. Nebendran haben sich in der lebendigen Fußgängerzone **Santa Catarina** ein paar kleinere Modelabels neben den Ketten von Benetton bis Zara behaupten können.
Bunt ist die Mischung auch in der **Rua das Flores,** vom Modedesigner zum Schokoladenladen. Ein paar Schritte weiter Richtung Börsenpalast sind einige moderne Gourmetläden angesiedelt.

Portwein kaufen Sie am besten auf der gegenüberliegenden Flussseite in einer der Kellereien. Etwas touristisch, doch mit oft guter Auswahl sind mehrere Weinläden an der Ribeira.

BÜCHER UND MUSIK

Modernes Medienkaufhaus
FNAC Santa Catarina Karte 2, D 2
Buch- und Medienkaufhaus nicht eben romantisch, dafür mit riesiger Auswahl auch an aktuellen CDs aus portugiesischer Produktion. Praktisch kann die Abteilung Foto- und Mobilfunkzubehör werden, von Batterien bis zu Aufladestationen. Zusätzlicher Service: Kartenvorverkauf. Und eigenes Kulturprogramm.
Rua de Santa Catarina 73, Edifício Palladium, T 707 31 34 35, www.fnac.pt, Mo–Sa 10–20, So 12–20 Uhr

DELIKATESSEN UND LEBENSMITTEL

Konzept Folk Food
Dama Pé de Cabra Karte 2, D 2
Der Name, übersetzt Madame Ziegenfuß, geht auf eine Volkssage über eine Adelige mit missgestaltetem Bein zurück. Traditionell beim Volke beliebte Lebensmittel verkauft dieser moderne Tante-Emma-Laden, der sich nur ungern als Gourmetgeschäft bezeichnen lassen will, richtet er sich doch an alle, die portugiesische Essenstradition zu vernünftigen Preisen großschreiben und dabei nicht an elitäres Shopping denken.
Passeio de São Lázaro 5, T 223 19 67 76, auf Facebook, Di–Sa 9.30–15.30, Do–Sa 19–22 Uhr

Alles Oliven
Azeitoneira do Porto Karte 2, C 3
Im Familienbesitz seit 1862 werden in dem Laden am Fluss Oliven verkauft. Mit und ohne Kern, mal mehr, mal weniger bitter, mal grün, mal schwarz. Die grünen werden übrigens unreif geerntet, bevor die Sonne sie am Baum dunkel färben kann. Anschließend werden sie in Lauge eingelegt, sonst wären sie hart, bitter und schlichtweg ungenießbar. Mittlerweile führt der Laden zusätzlich allerlei Gourmetartikel, herzhaftes Brot, Konserven, Käse, Marmelade, Weine. Diese und die Probierstube richten sich eher an Touristen, die Einheimischen kommen weiterhin fast ausschließlich wegen der Oliven.
Cais da Ribeira 36, T 222 00 73 03, auf Facebook, tgl. 10–20 Uhr

Würzig: Bergkäse von Schaf und Ziege

Uralter Kas'
Queijaria Amaral Karte 2, D 2
Das älteste Käsegeschäft von Porto, gegründet 1928, hat sich auf den mittelportugiesischen Queijo da Serra da Estrela spezialisiert. An den Hängen der bis 2000 m hohen Gebirgskette weiden die Schafe und Ziegen, aus deren Milch ein kräftiger Käse reift. Zusätzlich sind Räucherwürste, Brot, Trockenobst, Wein im Angebot.
Rua Santo Ildefonso 190, T 222 00 41 62, auf Facebook, Mo–Sa 9–19 Uhr

K
KÄSE FÜR FILM

Das **Käsegeschäft Amaral** war Drehort so manchen Films, war die langjährige, 2015 in gesegnetem Alter verstorbene Angestellte Maria José Silva doch zugleich Filmschaffende, Drehbuchautorin, Komponistin. Die Autodidaktin steckte ihren gesamten Verdienst in dieses Hobby. Auch schrieb sie drei Bücher. Einen Einblick in ihre beinahe unglaubliche Dynamik mit Ausschnitten aus ihren Werken gibt der kurze Einspieler https://vimeo.com/102841373 – zwar auf Portugiesisch, aber so zu Herzen gehend, dass er auch ohne Sprachkenntnisse verständlich ist.

Für Süßmäuler

Equador J 5

Diese feine Schokolade hat gar nichts gemein mit Supermarktware. Leider auch nicht im Preis, der rund 10 € pro 100 g ausmacht. Der Kakao kommt aus Ecuador, Brasilien, Argentinien, Cuba, Venezuela und Madagaskar. Und wird in Nordportugal von wahren Meistern der Schokoladenherstellung zu köstlichen Pralinen und dunklen Tafeln verarbeitet, per Hand, ohne Industriemaschinen. Auch mal kombiniert mit Portwein. Oder Ingwer. Oder Zitrone. Dabei meist ohne Zucker.

Rua Sá de Bandeira 637, T 967 29 61 60 (mobil), www.cacaoequador.pt, Mo–Sa 11–19.30 Uhr

Aus der Dose

Loja das Conservas Porto

Karte 2, C 3

Ein echter Exportschlager: 23 portugiesische Konservenfabriken führen aktuell mehr als 50 000 t Fisch pro Jahr aus, das ist so viel wie seit 1923 nicht mehr. Sardinen liegen mit 40 % an der Spitze, gefolgt von Thunfisch mit 25 %. Im offiziellen Laden der Industrievereinigung kommt so manch Außergewöhnliches hinzu, wie Tintenfisch, Muscheln oder Bacalhau in der Büchse. Eingelegt in einer überraschenden Vielfalt an Soßen nach Geheimrezepten.

Rua de Mouzinho da Silveira 240, T 960 47 29 30 (mobil), auf Facebook, Mo–Sa 11–20.30, So bis 19.30 Uhr

Regionale Delikatessen

Comer e Chorar por Mais

Karte 2, D 1

1916 gründete Fernando Barandas ein Papiergeschäft, das auch Tee und Kaffee aus den portugiesischen Kolonien führte. Seine Nachfahren ließen das Papier weg und spezialisierten sich auf regionale Produkte. Beliebt sind die Marmeladen und die Würste. Manches darf vor dem Kauf probiert werden. Ach ja, und der Name bezeichnet eigentlich ein Gebäck aus Zucker, Butter, Milch, Mehl, Hefe, Eiern und Zitrone. Und heißt sinngemäß übersetzt: Essen und um noch mehr betteln. Wohl bekomm's!

Rua Formosa 300, T 222 00 44 07, auf Facebook, Mo–Sa 9–19.30 Uhr

WEIN UND PORTWEIN

Kathedrale des Weins

Garrafeira A Flor de São Tomé

J 3

1946 eröffnetes Weingeschäft, etwas abseits der touristischen Wege und vielleicht auch deswegen so gut sortiert. Liebhaber eines guten Tropfens lockt die eine oder andere Rarität im Lager. Für einen Portwein aus dem Jahre 1834 sind da schon mal mehr als 1000 € auf den Tisch zu blättern. Zum Glück besteht das Gros des Angebots aus schönen Weinen für den normalen Geldbeutel, bevorzugt von kleinen Produzenten aus den Anbaugebieten rund um Porto, und darüber hinaus aus ganz Portugal.

Rua Antero de Quental 534, T 225 02 20 34, auf Facebook, Mo–Sa 9–19.30 Uhr

Mit Probe

Garrafeira do Carmo

Karte 2, B 2

Schon der Eingang macht Durst, wie sich da die Weinblätter um den Namenszug ranken, der in einen stilisierten Fassboden eingelassen ist. Sr. Agostinho hatte sich 1990 selbst seinen Traum wahr gemacht und ein eigenes Geschäft für auserlesene Spitzen- und süffige Tischweine eröffnet. Er rühmt sich völlig zu Recht, Urlauber mindestens genauso kompetent und freundlich zu bedienen wie seine Stammkunden. In der Saison wird's allerdings manchmal arg voll.

Rua do Carmo 17/18, T 222 00 32 85, www.garrafeiracarmo.com, Mo–Fr 9–13, 14–19, Sa 9–13 Uhr

FLOH- UND STRASSENMÄRKTE

Alles Öko

Feira Biológica Karte 3, D 4

Biomarkt von Produzenten aus der Region. Mit alten Gemüsesorten, die kein Supermarkt mehr führt.

Ein Besuch der städtischen Märkte verrät, ganz nebenbei, so manches über Portuenser Gefühle und Leidenschaften.

Parque da Cidade, Sa 10–20, im Winter nur bis 14 Uhr

Bunt gemischt
Feira da Vandoma M 4
Großer Floh- und Trödelmarkt. 1984 von Studenten spontan gegründet, um gebrauchte Bücher zu verkaufen. Inzwischen gibt's Kleidung, Haushaltswaren, Porzellan, Elektrogeräte, Schmuck.
Avenida 25 de Abril, Sa 8–13 Uhr

Moderner Markt
Mercado Bom Sucesso F 4
Lichte Halle mit Restaurants, Gourmetläden und Marktständen (► S. 92).
Praça do Bom Sucesso, So–Do 10–23, Fr/Sa 10–24 Uhr, Markt nur Mo–Sa 9–20 Uhr

Historischer Markt
Mercado do Bolhão Karte 2, D 1
Der traditionelle Zentralmarkt war jahrelang dem Verfall preisgegeben und wird nun grundlegend saniert Mitte 2020 wiedereröffnen (► S. 40).
Rua Sá de Bandeira, bis Mitte 2020 geschl.

Trödel
Mercado Porto Belo Karte 2, B 1
Kleinerer Flohmarkt, mit Lebensmitteln und alternativ angehaucht.
Praça de Carlos Alberto, Okt.–Aoril Sa 10–18, Mai–Sept. Sa 10–19 Uhr

GESCHENKE, DESIGN, KURIOSES

Keramik
Zinda Atelier Karte 2, B 3
Erde, Wasser und Feuer. Diese Elemente der Töpferei haben auch die Menschheit in ihrer Entwicklung begleitet. Darauf beruhen die Ideen der Kunsthistorikerin und Töpferin Zinda Pereira, die in ihrer Werkstatt eine breite Palette an Unikaten formt und bei über 1000 °C brennt. Mit ihren Figuren und Kachelgemälden will sie die Fantasie ihrer Kunden anregen. Vielleicht ein etwas hoch gegriffener Anspruch, aus dem Rahmen der üblichen Touristensouvenirs ragen ihre Objekte aber allemal hinaus.
Rua Ferreira Borges 63, T 936 07 55 49 (mobil), auf Facebook, Mo–Sa 14.30–19 Uhr

Schwelgen in Nostalgie
A Vida Portuguesa Karte 2, B 2
Die beliebte Journalistin Catarina Portas war fasziniert von einer Idee, einem Traum. Sie wollte portugiesischen Markenartikeln, die sie aus ihrer Kindheit

kannte, eine neue Chance geben. Also wagte sie in Lissabon das Experiment mit einem Laden für ›Das Portugiesische Leben‹, so die deutsche Übersetzung des Geschäftsnamens. Der Erfolg war so groß, dass es inzwischen einen Ableger in Porto gibt, und der ist sogar noch schöner als jener in der Hauptstadt. Olivenöl, Seifen, Rasierpinsel, Spielzeug, Ansichtskarten, Notizbücher, Schulhefte treiben manchem Portugiesen Tränen der Erinnerung in die Augen.

Rua de Cândido dos Reis 36, T 222 02 21 05, www.avidaportuguesa.com, Mo–Sa 10–20, So 10.30–19.30 Uhr

Korken

Casa das Rolhas Karte 2, B 3

Sie hängen in Tüten an den Wänden, füllen Säcke auf dem Boden. Flaschenkorken! Tausende, wenn nicht Zehntausende. Neben ein paar Untersetzern gibt's noch Kupfergefäße für die Destillation von Hochprozentigem dazu. Da passt es ganz gut, dass der derzeitige Chef Paulo Manuel zu Beginn seines Berufslebens in Restaurants und Discos gearbeitet hat. Seit 1850 existiert die Verkaufsstelle am gleichen Ort. 0,70 € kostet eine Exemplar der besten Qualität. Immerhin 54 % der Weltproduktion stammen aus Portugal, die Eichenbäume wachsen im Süden des Landes, etwa in der Algarve. Und selbst, wenn Sie nichts kaufen wollen, dieses Unikum ist einen Blick hinter die Eingangstüre wert.

Rua de Mouzinho da Silveira 13–15, T 222 05 08 37, Mo–Fr 10–19, Sa 10–13 Uhr

Porto per Hand gemacht

Maria Porto Karte 2, B 1

Sechs Handwerker, oder besser Künstler, verbinden traditionelle Fertigungsweisen mit zeitgenössischem Design. Sie kreieren Schmuck und Spielzeug, allerlei aus Kork und Holz, Töpferware, bemalen Porzellan, sie klöppeln und weben … Manches Werk mag etwas kitschig ausfallen, aber darüber lässt sich bei einem Motiv aus Porto vielleicht mal großzügig hinwegsehen.

Rua José Falcão 23, T 927 77 30 20 (mobil), auf Facebook, Mo–Sa 10–19 Uhr

Stylisches Gekruschtel

Mercado 48 Karte 2, B 1

Der »Markt 48« führt so ziemlich alles, was retro und hip ist. Handgefertigte Lederschuhe, Kleidung, Schmuck, Kunsthandwerk, Einrichtungsgegenstände, Mofas, Bier aus kleinen Brauereien, Gourmetprodukte. Das größte Erstaunen aber rufen die Fahrräder aus Holz hervor. Sie fahren tatsächlich und erfreuen sich immer größerer Nachfrage! Da überrascht nicht, dass die beiden Besitzer von Berufs wegen Designer und Möbelrestaurateur sind, ganz offensichtlich mit Freude.

Rua da Conceição 48, T 223 23 93 26, auf Facebook, Mo–Sa 10–21.30 Uhr

LADENGALERIEN

Von Kork bis Kaffee

Almada 13 Karte 2, C 2

Industriedesign zwischen Granitwänden prägt die Atmosphäre des lang gestreckten Verkaufsraums, der sechs unterschiedliche Läden vereint. Rota do Chá macht Kleidung, die Wolle liefert Miguel Gigante, MIMO Store von Tassen bis Tischdecken allerlei für den Haushalt, Kunsthandwerk kommt von Águas Furtadas. Und für einen Strandausflug bietet The Yellow Boat das Richtige. Zur Stärkung verkauft Miss Pavlova im hinteren Teil des Ladens ihre Backwaren und bestuhlt einen kleinen Innenhof.

Rua do Almada 13, T 223 21 60 02, auf Facebook, tgl. 11–19 Uhr

Kreativ vereint

CRU Cowork Karte 2, A 1

Ein interessanter Ansatz: die 410 m² Fläche eines Hauses sind in 40 Räumlichkeiten unterteilt. Das können Kleinststudios sein, winzige Läden oder auch nur eine Wand. Etwa für eine Kunstausstellung. Das wechselnde Angebot umfasst Mode und Schmuck, aber auch selbst gebrautes Bier und Haushaltswaren. Von professionellen Designern erdacht oder mit der persönlichen Note von Leuten, die in Heimarbeit nur einige Stücke entwickeln.

Rua do Rosário 211, T 224 08 82 44, ww.cru-cowork.com, Mo–Sa 10–20 Uhr

Buntes Allerlei

District Karte 2, C 3

Welch ein Wandel bei der Nutzung. Im einstigen Regierungspalast, in dem auch mal das Polizeipräsidium untergebracht war, haben nun alternative Läden, Start-ups, Bars, ein Zeitschriftenkiosk, Architekten, Webdesigner und Kunstausstellungen eine gemeinsame Bleibe gefunden. Zu essen gibt's Japanisches, Burger, Crêpes, Salate – sonntagabends mit Livemusik.

Rua Augusto Rosa 39, T 220 17 51 80, http://my-district.com, So–Do 12–24, Fr/Sa 12–1 Uhr

MODE, ACCESSOIRES

Kopfbedeckung

Hats & CATS Karte 2, B 4

Und was haben die Katzen nun mit den Hüten zu tun? Gar nichts! CATS steht für *cosmopolitan articles tradition and simplicity,* das Motto des angesagten Innenarchitekten Paulo Lobo, der so manche portugiesische Bar und Discothek gestaltet hat. Die meist handgefertigten Hüte und Mützen stammen aus ganz Europa und natürlich auch aus Portugal. Dazu gibt's einiges Kunsthandwerk, bevorzugt aus Guatemala, Paraguay und Tibet.

Rua Infante Dom Henrique 117, T 936 96 83 69 (mobil), auf Facebook, Mo–Sa 10–20, So 13–19 Uhr

Lasziver Schick

Katty Xiomara G 4

Die 1974 in Venezuela geborene Portuenserin zählt zu den herausragenden Modeschöpferinnen des Landes und stellte schon mit 22 Jahren ihre erste Kollektion vor. Poetisch, romantisch, elegant, ultrafeminin lautet die Überschrift. Und tragbar. Immerhin hat sie auch die Arbeitskleidung für die portugiesischen Angestellten von Pizza Hut und McDonald's entworfen. Ein Bürgerhaus aus dem 19. Jh. bildet den angemessenen Rahmen für ihr Atelier. Ihre Shows dagegen inszeniert sie auch mal als Videospiel in einem Parkhaus.

Rua da Boavista 795, T 220 13 37 84, www.kattyxiomara.com, Mo–Sa 11–19.30 Uhr

Vollendete Eleganz

Luís Buchinho K 5

Der Modemacher, geboren 1969, hat von Porto aus die Welt erobert. Seine Entwürfe führen Läden in 19 Ländern, von China bis Nordamerika. Und natürlich das Atelier vor Ort. Klare Linien, klare Farben, klassisch inspiriert. Außerdem ist der kreative Kopf ein ausgezeichneter Kenner des Portuenser Nachtlebens.

Rua Sá Bandeira 812, T 222 01 27 76, www.luisbuchinho.pt, Di–Fr 10–13, 14–19, Sa bis 18 Uhr

100 % Wolle

Loja da Burel Karte 2, B 3

Burel heißt der Stoff, der seit Generationen in der mittelportugiesischen Bergregion Serra da Estrela aus Schafswolle hergestellt wird. Fast vergessen allerdings war diese Tradition, bis junge Leute eine verfallene Fabrikhalle in ihrer Heimat Manteigas wieder in Funktion setzten und die Weberei in Handarbeit aufnahmen. Mit enormem Erfolg. Dank der hohen Qualität der Produkte und des modernen Designs ihrer Pullover, Schals, Decken, Taschen. Inzwischen gibt es sogar Nachahmer und alle zusammen geben der abgelegenen Region neue Hoffnung.

Rua Mouzinho da Silveira 83, www.burelfactory.com, Mo–Sa 10–20, So 11–19 Uhr

Portugiesische Schuhe

The Feeting Room Karte 2, C 2

Schicker Conceptstore für schicke Schuhmode von portugiesischen und ein paar internationalen Modeschaffenden. Die Auswahl ist ebenso fantasievoll wie die Namen der Produzenten, etwa Exceed Shoe Thinkers. Dabei sind die Preise gar nicht mal so hoch, die meisten Paare liegen zwischen 95 und 250 €.

Largo dos Lóios 89, T 220 11 04 63, www.thefeetingroom.com, Mo–Sa 10–20, So 11–20 Uhr

Portos Nächte in Bewegung

Hier tut sich was! Seit 2010 wurde aus dem eher verschlafenen städtischen Nightlife ein auf ganz Portugal ausstrahlendes Highlight. Die Zahl der Bars und Discos hat sich verdoppelt. Aber nicht nur das. Um sich der größeren Konkurrenz zu erwehren, entwickeln die Betreiber immer häufiger avantgardistische Konzepte, finden Nischen jenseits des Üblichen oder aktualisieren das althergebrachte Angebot. Vom fantasievollen Absacker bis zum heißen Tänzchen reicht das Angebot. Mal trendy, mal wie 1968.

Sicher, da wird auch mal so manches Design und so mancher Musikstil schlichtweg übernommen aus London, Paris oder New York. Doch bei allem angestrebten Kosmopolitismus hat sich eine eigene Szene herausgebildet. Sie bevorzugt einheimische Klänge, schließlich stammt der Vater des portugiesischen Rock, Rui Veloso, aus Porto und ist bis heute auch bei jungen Leuten angesagt. Aber so richtig ab geht's zu einer außergewöhnlichen Fusion-Music, bei der sich Rock, Blues, Hip-Hop, Fado und kreative Einflüsse aus den ehemaligen afrikanischen Kolonien zu treibenden Rhythmen vereinen. Und die eine oder andere ausgefallene *location* sorgt für zusätzlichen Hype. Die Fischmarkthalle etwa, die für Konzerte genutzt wird. Die Bar, die gleichzeitig Buchhandlung ist. Das Teelager, das zur Kulturinstitution wurde. Die Kirche, die eine Weinbar beherbergt …

Kreative Cocktails erleuchten das Portuenser Nachtleben

ZUM SELBST ENTDECKEN

Die **Szene** trifft sich in der Baixa. Entlang der Rua de Passos Manuel, rund um die Praça Carlos Alberto und nahe der Clérigos-Kirche. Einige **alteingesessene Bars** verstecken sich in den Gassen der Ribeira am Fluss. Die schickere Gesellschaft vergnügt sich in Boavista und an der Esplanada da Foz am Atlantik. Das nordwestliche Industrieareal bietet den größten **Discos** ausreichend Platz.

Fado ist die Musik Lissabons, dennoch gibt es ein paar Fado-Restaurants südlich und westlich der Rua de Mouzinho da Silveira. Und mit etwas Glück gibt eine Fadista aus der Hauptstadt im Teatro São João ein Konzert.

BARS UND KNEIPEN

Kleine Stärkung

Aduela Karte 2, B 1

Ins einstige Nähmaschinenlager lockt eine schöne Auswahl an Wein, Bier aus Regionalbrauereien und kleinen Speisen, u. a. Toast mit scharfen Sardinen. Geeignet für alle, die nicht so sehr auf *stylish* stehen, auch wenn ein paar Kitschelemente die schlichte Einrichtung ergänzen. Die dunkle Holztheke war übrigens mal ein Verhandlungstisch im Gericht.

Rua das Oliveiras 36, T 222 08 43 98, auf Facebook, Mo/Di 16–2, Mi–Sa 10–2, So 15–24 Uhr

In der Buchhandlung

Candelabro Karte 2, B 1

Je nach Blickwinkel: Bar mit Buchhandlung oder Buchhandlung mit Bar. Der historische Laden wurde 2009 in einen Szenetreff umgewandelt, während der Verkauf von literarischen Werken ebenso beibehalten wurde wie die Geschäftseinrichtung. Und der für Portos Wohnungen im frühen 20. Jh. typische Mosaikboden. Musik Richtung Jazz und Velvet Underground oder Tindersticks. Günstige Getränkepreise.

Rua da Conceição 3, http://cafecandelabro.blogspot.pt, Mo–Fr 10.30–2, Sa 16–2, So 16–24 Uhr

Alkohol am Altar

Capela Incomum Karte 2, A 1

Die Innenausstatterin Francisca Lobão, selbst religiös, verwandelte eine abbruchreife Kapelle in eine Weinbar. Nicht, ohne dass der Bischof das Gotteshaus vorher entweiht hätte. Der mächtige Holzaltar blieb erhalten, bevorzugt Wein wird freilich meist im oberen Stock mit Blick auf das Kirchenschiff konsumiert. Das alles aus Respekt ohne Tanz und laute Musik.

Travessa do Carregal 77, T 935 12 90 50 (mobil), auf Facebook, Mo–Mi 16–24, Do–Sa 16–2 Uhr

Fado

Casa da Mariquinhas Karte 2, C 3

Seit 1968 wird in diesem Restaurant der Lissabonner Gesang zu Gehör gebracht, allerdings mit längerer Unterbrechung und Besitzerwechsel. Nur 40 Gäste passen in den Speisesaal, in dem die *fadistas* auftreten. Dann heißt es: *silência, se faz favor.* Um absolute Ruhe und Konzentration auf den Vortrag wird gebeten.

Rua de São Sebastião 25, T 915 61 38 77, www.casadamariquinhas.pt, Mi/Do 20–24, Fr/Sa 20–0.30 Uhr, Hauptspeisen 15–19 €

Fürs Gespräch

Era Uma Vez no Porto Karte 2, B 2

Die Einrichtung ist ein wenig retromäßig angehaucht, die Cocktails ein wenig Mojito-beeinflusst, die Musik ein wenig Indie-Rock und ruhig genug, um eine gepflegte Konversation zuzulassen. Die Gäste: ganz viele. Von denen leider nur wenige Plätze auf dem Balkon mit Blick auf die Torre dos Clérigos finden. Wer die Musik des DJs zuhause weiter hören will, kann Vinylplatten und CDs im angeschlossenen Laden Gira Discos erwerben.

Zeit für Ratschen und Tratschen

Rua das Carmelitas 162 (1. Stock), T 914 37 68 01 (mobil), auf Facebook, Mo–Do 17–2, Fr/Sa 17–4, So 21–2 Uhr

Rekordhalter

Espaço 77 Karte 2, B 1

Alle 20 Sekunden geht ein kleines Bier von 0,2 l über die Theke, so schnell wie in keiner anderen portugiesischen Bar. Kein Wunder, beim Glaspreis von rund 50 Cent. Dazu passen ein Blätterteig-Snack oder eine Runde Billard. Später am Abend feiern hier Erasmus-Studenten, Couchsurfer & Co. ihre Partys.

Travessa de Cedofeita 22, T 223 21 88 93, auf Facebook, Mo–So 10–4 Uhr

DAS BESONDERE KULTURANGEBOT

Kunst ist in den 650 m der **Rua Miguel Bombarda** beheimatet, geballt im Fußgängerbereich am westlichen Ende. Zuerst zogen Galerien in die Straße. Alle zwei bis drei Monate eröffnen sie gleichzeitig ihre neuen Ausstellungen mit einem großen Fest (www.facebook.com/ruamiguelbombarda). Hinzu gesellten sich alternative Läden und Restaurants, konzentriert im Einkaufszentrum **Centro Comercial** (Karte 2, A 1, http://ccbombarda.blogspot.pt), ein Neubau in Nr. 285. Musikliebhaber pilgern in die **Casa da Música** (► S. 71), das Angebot reicht vom klassischen Orchester im großen Saal bis zu den Hiphoppern in der Tiefgarage.

Für Weinkenner
Fé – Wine & Club Karte 2, C 1

Zum Auftakt gibt's in dem fröhlich ausgeleuchteten Saal kleine Speisen und guten Wein, später am Abend legen DJs die Platten zum Tanzen auf den Teller – zwischen zehn Tonnen (!) gleichfarbiger Bücher, die die Wände und Theke pflastern und die klaren Linien der Einrichtung auflösen. Eine Idee des in Portugal sehr angesagten Designers Paulo Lobo.

Praça D. Filipa de Lencastre 1, T 222 01 09 01, www.feporto.pt, So/Di 18–24, Mi 18–2, Do–Sa 18–4 Uhr

Der Zug rattert
Ferro Bar Karte 2, C 2

Was passt besser zu einer Bar mitsamt Terrasse gegenüber der Bahnlinie als eine Ausgestaltung mit viel Eisen einschließlich der Theke, über der allerdings keine Schienen, sondern ein paar Fahrräder hängen. DJ's und Konzerte Richtung Rock, Jazz und Funk. Mit Restaurant. Im Gebäude sind außerdem eine Kunstgalerie und ein Modeladen untergebracht.

Rua da Madeira 84, auf Facebook, tgl. 14–2 Uhr

Sunset Bar
Graça Rooftop Karte 2, C 2

Die Bar über dem – aber unabhängig vom – Rivoli Cinema Hostel veranstaltet gelegentlich Konzerte verschiedener Stile, und regelmäßige sonntägliche Barbecues bieten auf zwei Ebenen Platz für 150 Besucher. Fruchtcocktails mit und ohne Alkohol gehören zu den Spezialitäten, ansonsten Caipirinhas und Mojitos.

Rua do Dr. Magalhães Lemos 83, 4. Stock, www.facebook.com/gracarooftopbar, Mai–Okt. 16–24 Uhr

Muse im Markt
Hard Club Karte 2, B 3

Besonders gerne erinnern sich die Betreiber des Clubs an den Auftritt von Muse am 19. April 2002, in Zeiten also, bevor die Rockband weltweit die großen Stadien füllte. Ihr Stil gibt bis heute den Ton an, dazu Kulturveranstaltungen unterschiedlicher Couleur, von Kunstausstellungen zu Handwerksmessen und Biomärkten. Alles in der restaurierten Fischmarkthalle Mercado Ferreira Borges.

Praça do Infante D. Henrique, T 220 10 11 85, auf Facebook, So–Do 10–24, Fr/Sa 10–2 Uhr

Der Name ist Programm
Hot Five Jazz & Blues Club Karte 2, D 3

Modern-edler Club auf zwei Stockwerken. Musik von Jimi Hendrix bis Diana Krall. Besitzer Alberto Índio ist ein in Portugal gerne gehörter Sänger und tritt auch selbst immer mal live auf. Außerdem ist er Initiator des Bluesfestivals von Porto.

Largo do Actor Dias 51, T 934 32 85 83 (mobil), www.hotfive.pt, Mi–So 22–3 Uhr

Zur Wasserpfeife
Inala Karte 3, C 4

Mit fantastischem Blick auf den Strand werden in stylischem Dekor die arabischen Shishas mit unterschiedlichen Aromen (ab 10 €) geraucht und *positive vibes* erzeugt. Aber es können auch nur ein Cocktail, Wein oder Bier getrunken werden. Das supermoderne Gebäude,

Clubbing in der Casa da Música für die einen, klassische Konzerte für die anderen

Edifício Transparente, beherbergt weitere Bars und Restaurants.

Via Castelo do Queijo 395, Stockwerk Parque, T 910 08 00 92 (mobil), www.facebook.com/labirinthobar, tgl. 16–2 Uhr

Künstlertreff

Labirintho Bar F 4

Unten Bar mit sommerlichem Gartenbetrieb, darüber Platz für Konzerte, Ausstellungen, Buchpräsentationen. Eine der alteingesessenen Kultureinrichtungen, und passend stammt die Musik aus den 1980er-Jahren, außerdem viel Jazz. Günstige Preise.

Rua Nossa Senhora de Fátima 334, T 226 00 70 23, auf Facebook, tgl. 22–4 Uhr

Auf dem Parkdeck

Lift Rooftop ViaCatarina Karte 2, D 1

Hier ist alles groß. 500 m² im 14. Stock des größten innerstädtischen Einkaufszentrum. Getrunken werden nicht nur Bier (große Auswahl!) und Cocktails, sondern auch Fruchtsäfte und Limonaden, denn auch viele Kids genießen auf ihrer Shoppingtour das einmalige Panorama. Dazu werden Snacks wie Tacos oder Käseplatte gereicht. Manchmal DJs, selten Konzerte.

Rua de Santa Catarina 312–350, T 934 16 41 50, www.facebook.com/lift.porto, So–Mi 12–23, Do–Sa 12–24 Uhr

Jazz mit Aussicht

Mirajazz Karte 2, A 3

Die schon über 100 Jahre bestehende Musikvereinigung von Miragaia spielt in ihren Clubräumen mit Terrasse mit Blick über den Fluss gepflegten Jazz, Bossa Nova oder Samba zum Tagesausklang. Als Begleitung gibt es »hervorragende Weine, schmackhafte Snacks und viel positive Energie«, so das Versprechen der Musiker. Die Preise sind sehr zivilisiert, ein kleines Bier beispielsweise 1,50 €, Toasts (auch vegan) um 5 €.

Escadas do Caminho Novo 11, T 919 24 90 17, www.facebook.com/mirajazz, Di–So 16–22 Uhr

Poetisch

Pinguim Karte 2, B 3

Bei den Getränken passt sich die Bar den jeweiligen Moden an. Mal Mojito, dann Caipirinha, jetzt Gin. Aber eines bleibt seit nunmehr rund drei Jahrzehnten

AKTUELLE PROGRAMMHINWEISE

http://iporto.amp.pt: umfassender Überblick über das aktuelle Kulturleben, auch in Englisch.
Time Out Porto: Monatsmagazin mit Veranstaltungshinweisen, nur auf Portugiesisch.

KINO

Wer in Porto ins Kino gehen möchte, muss eines der großen Einkaufszentren am Stadtrand aufsuchen, allen voran Dolce Vita mit den **NOS Cinemas** (✪ N 3, Rua dos Campeões Europeas de Viena, http://cinemas.nos.pt). In der Innenstadt zeigt das historische **Cinema Trindade** anspruchsvolle Filme (Rua do Almada 412, ✪ Karte 2, C 1, www.cinematrindade.pt). Das **Passos Manuel** (✪ Karte 2, D 2, im Coliseu, Rua de Passos Manuel 137) öffnet gelegentlich seinen Kultursaal für Vorführungen von Autorenfilmen. Lange geschlossen, aber ab 2021 neu eröffnet wird das historische **Batalha** an der Praça da Batalha (✪, Karte 2, D 2, S. 28).

unverändert: Montags ab 23 Uhr kommt Poesie zum Vortrag, jeder ist herzlich zum Vortragen oder Zuhören eingeladen. Manchmal treten auch Amateurtheater oder Musiker auf, regelmäßig werden Werke junger Künstler gezeigt.

Rua de Belmonte 65, T 916 04 84 13 (mobil), auf Facebook, tgl. 21–4 Uhr

Rua de Passos Manuel 34–38, T 222 01 23 49, auf Facebook, Bar Mo–Fr 21–4, Sa/So 22–4 Uhr

Urban Chic
Plano B ✪ Karte 2, B 2

Dem alternativen Ambiente zwischen großen Spiegeln ist anzusehen, dass die drei Betreiber hauptberuflich Architekten, Künstler und Musiker sind. Vereint sind in ddem Komplex ein Saal für Konzerte, ein Saal für DJs und ein Café. Unterschiedliche Musikrichtungen, vorwiegend House und Elektropop, aber auch Jazz und Rock beleben Portos Nächte. Dazu Ausstellungen, Filmvorführungen und das eigene Plattenlabel Cubo Records, das jungen Musikern eine Plattform bieten will.

Rua de Cândido dos Reis 30, http://planobporto.com, Mi–Sa 22–6 Uhr

Über der Unterstadt
Rooftop Porto Coliseum
✪ Karte 2, D 2

Für den ruhigen Auftakt zu einer langen Nacht. Die Rooftop-Bar des Coliseum Hotels bietet neben dem famosen Blicken eine schöne Weinkarte, Cocktails und einige kleine Speisen. Und das Beste: Vor schlechtem Wetter bietet eine Verglasung Schutz, deshalb ganzjährig geöffnet.

Rua de Passos Manuel 135, T 934 16 41 50 (mobil), www.facebook.com/portocoliseumhotelrooftop, Mi–So 17–22 Uhr

Eingängige Rhythmen
RUA tapas & music bar
✪ Karte 2, B1

Rua heißt Straße, und so taucht in der Bar das Straßenbild Portos dank granitener Pflasterung und Fotos an den Wänden symbolisch auf. Kontrastiert von einer zeitgemäßen Theke, von der Cocktails und kleine Speisen (um 5 €) gereicht werden. Regelmäßig meist melodische Livemusik.

Travessa de Cedofeita 24, T 917 35 66 44 (mobil), www.facebook.com/RUATAPAS, Di, Mi 19.30–23, Do–Sa 19.30–4, So 19.30–2 Uhr

Tanzen

Der Name sagt alles
Discoteca Anos 80 ✪ F 6

Natürlich wird an Weihnachten Wham in der »Diskothek der 80er-Jahre« gespielt. Schlichtweg die Bar und Disco für Fans der Musik aus jener Zeit. Der in rotes Licht gehüllte Raum weckt zusätzlich die nostalgischen Gefühle.

Rua da Restauração 39, T 914 65 53 55 (mobil), auf Facebook, Fr/Sa 23–6 Uhr

Umstritten sophisticated
Eskada ✪ K 4

Design zwischen viel Glas, versteckt hinter den Restmauern einer Hausruine mit Tanzpisten, Privatsälen, Verkaufsposten portugiesischer Designermode und Innenhof mit Wasserspiel. Junge Besucher, die sich für schön halten oder es sind, deshalb oftmals strenge Einlasskontrollen. Musikalische Ausrichtung: Discosound bis Worldmusic.

Rua da Alegria 611, T 916 67 67 29 (mobil), auf Facebook, Mo, Mi–Sa 23.45–6 Uhr

Internationales Renommee

Indústria Karte 3, C 6

Großdisco für über 1000 Besucher und Institution seit über 20 Jahren. Unter dem Slogan *local heroes and international superstars* legen mal regionale, dann international gefeierte DJs die Platten auf den Teller, häufig Live-Acts von Techno bis Rock.

Av. do Brasil 843, Praia do Molhe, Foz, T 220 96 29 35, auf Facebook, Fr/Sa 0–6 Uhr

Afrikanische Rhythmen

Number One M 1

Semba, Kuduro, Zouk geben die Stilrichtung vor, teils live vorgetragen von Künstlern aus den früheren portugiesischen Kolonien, meist aber von DJs aufgelegt. Gemischtes Publikum von weiß bis schwarz.

Rua Salgueiral 38 A, T 225 09 55 03, auf Facebook,- 23.59–7 Uhr

Auf neuestem Stand

Via Rápida C 1

1994 gegründete Disco, deren Musik seitdem den aktuellsten Strömungen folgt. Mitbesitzer ist der Präsident des kleineren Portuenser Fußballclubs Boavista, weshalb es nach einem Lokalderby manchmal zu Randale vor dem Eingang kommt, dann ist der Club besser zu meiden.

Rua Manuel Pinto de Azevedo 567, Armazém 5, auf Facebook, Di–Sa 0–6 Uhr

OPEN-AIR-EVENTS

Queimas das Fitas: 1. Maiwoche. Studentisches Fest, zu dem Zehntausende auf dekorierten Wägen durch die Stadt ziehen, Verkehrschaos erzeugen und Konzerte im Queimódromo am nördlichen Rand des Parque da Cidade besuchen, www.fap.pt.
Primavera Sound: Mai/Juni. Vom Telekommunikationsanbieter NOS gesponsertes alternatives Rockfestival mit Künstlern wie Patti Smith, Stereolab, James Blake oder PJ Harvey, www.nosprimaverasound.com.
Serralves em Festa: Ende Mai/ Anfang Juni. Dank des tollen Ambientes und der hochkarätigen Besetzung gehört das Festival im Park des gleichnamigen Museums zu den herrausragenden Ereignissen im Stadtkalender. 40 Stunden lang stehen mehr als 250 kulturelle Events auf dem Programm: Theater, Installationen, Kino, Kunstmarkt, Konzerte, www.serralvesemfesta.com.
Caixa Ribeira: Juni. Das Hafenviertel klingt nach Fado, Konzerte in Clubs und im Freien, www.caixaribeira.pt.
Stadtfest São João: 23./24. Juni. In der Nacht flippt ganz Porto aus. Gefeiert wird der Stadtheilige Johannes der Täufer – auf wunderliche Art: Die Menschen schlagen sich mit Plastikhämmerchen und Lauchstengeln auf den Kopf. So werden böse Gedanken in die Flucht geschlagen. Bier und Wein fließen in Strömen, Sardinen werden gegrillt ebenso wie Zicklein, das Wappentier des Schutzpatrons. Ein Feuerwerk gehört dazu und eine Regatta der *rabelos,* der Portweinschiffe.
Marés Vivas: Juli. Dreitägiges Rockfestival auf der anderen Flussseite, mit einheimischen und international angesagten Künstlern wie Elton John, Franz Ferdinand, Lenny Kravitz, Joss Stone, http://maresvivas.meo.pt.
Jazz no Parque: Juli. Hochkarätig besetztes Jazzfest im Park des Museums Serralves, www.serralves.pt.
Noites Ritual: Ende Aug.–Mitte Sept. Im Pavilhão Rosa Mota bringen portugiesische Rock- und Popbands das Publikum in Schwung, www.facebook.com/festivalnoitesritual.
Silvester: Musik und Feuerwerk an der Avenida dos Aliados. Schön ist auch der Blick von der Brücke Dom Luís I. auf die feiernde Stadt.

Hin & weg

ANKUNFT

… mit dem Flugzeug

Der Flughafen Porto (OPO, 🕮 Karte 5, www.ana.pt) liegt 16 km nordwestlich des Stadtzentrums und ist hervorragend angebunden:

Mit der Metro in die Stadt: Von 6 bis 0.30 Uhr fährt die violette Linie vor der Ankunftshalle in dichter Taktfolge ab. Die Fahrtzeit ins Zentrum beträgt etwa 30 Min. Tickets gibt es an den Automaten am Eingang. Es gilt die Preiszone Z 4, Fahrpreis etwa 1,85 € zzgl. Andante-Karte (► S. 111).

Mit dem Bus in die Stadt: Bus N 601 verbindet den Jardim da Cordoaria mit dem Flughafen, ca. halbstdl. von 6.05–0.45 Uhr. Preiszone s. o.

Nachts in die Stadt: Der Nachtbus 3 M fährt von 0.30–5.30 Uhr stdl. zur Avenida dos Aliados und jeweils zur vollen Stunde zurück zum Airport.

Mit dem Taxi in die Stadt: Taxis starten vor der Flughafenhalle, die Fahrt in die Innenstadt kostet ca. 25–30 €.

… mit der Bahn

Der **Fernbahnhof Campanhã** (🕮 M 6), am Largo da Estação liegt ca. 4 km östlich des Zentrums und ist schnell per Metro erreichbar (Station Campanhã). Ankunft aller Züge aus Lissabon. Per Vorortbahn (*suburbano,* Fahrpreis im Fernzugticket enthalten) ist der **Regionalbahnhof São Bento** (🕮 Karte 2, C 2) in 4 Min. erreichbar, er befindet sich an der zentralen Praça Almeida Garrett und ist außerdem an die Metro angeschlossen.

INFORMATIONEN

Turismo: Rua Clube dos Fenianos 25, T 300 50 19 20, tgl. 9–19 Uhr, Juni–Okt. bis 20 Uhr.

Welcome Center: Passeios das Cardosas (hinter dem Hotel Palácio das Cardosas, nahe Bahnhof São Bento), T 258 82 02 70, April–Sept. tgl. 10–20, sonst Mo–Fr 10–17, Sa/So 10–19 Uhr. Das größte Tourismusamt Portugals, in dem Sie als Besucher auch selber interaktiv nach Sehenswürdigkeiten, Restaurants oder Hotels im ganzen Land forschen können.

Flughafen: Ankunftshalle, T 229 42 04 96, tgl. 8–23.30 Uhr.

Kathedrale: Torre Medieval, T 222 42 15 04, tgl. 10–19, Juni–Okt. bis 20 Uhr.

iPoints heißen etwas großspurig die im Sommerhalbjahr geöffneten Infokioske an der Praça da Ribeira und der Avenida dos Aliados vor McDonald's (April–Okt. 10–19 Uhr).

IM INTERNET

www.visitporto.travel: offizielle Seite des städtischen Tourismusamts. Sehr gut funktioniert der angebotene Chat.

www.portoxxi.com: allgemeine Informationen von Wetter bis Veranstaltungen.

iporto.amp.pt: umfassender Überblick über das aktuelle Kulturleben.

www.portoenorte.pt: Informationen des regionalen nordportugiesischen Tourismusamts, einen Schwerpunkt bildet Porto.

APPS

Porto Paralelo: Beschreibung von traditionellen Läden (nur Android)

Anda: U-Bahn-Verbindungen

Move-Me.Amp: Routenfinder zu Fuß und mit öffentlichen Verkehrsmitteln mit Hinweisen auf nahegelegene Sehenswürdigkeiten

Francesinhas: Fanseite für den Portuenser Snack, mit Restaurantbeschreibungen

Bikemap Porto: Verschiedene Radrouten durch die Stadt und in die Umgebung, veröffentlicht von österreichischen, weltweit agierenden Programmierern.

MAGAZINE MIT AKTUELLEN INFOS

Time Out Porto: Monatsmagazin mit Veranstaltungshinweisen, Restaurantkritiken und Hintergrundgeschichten zum städtischen Leben, leider nur auf Portugiesisch.

REISEN MIT HANDICAP

Accessible Portugal erteilt Auskünfte und organisiert Stadtbesichtigungen, www.accessibleportugal.com.

SICHERHEIT UND NOTFÄLLE

Taschendiebe haben trotz starker öffentlicher Polizeipräsenz Hochkultur. Oft handelt es sich um gut gekleidete Personen, die nicht auf den ersten Blick verdächtig erscheinen. Lassen Sie möglichst alle Wertsachen im Hotelsafe. No-go-Areas gibt es nicht, doch sollte zumindest nachts im Viertel Sé rund um die Rua da Bainharia aufgepasst werden. Dort versteckt sich der Drogenhandel.

Notruf: 112

Touristenpolizei: Fremdsprachiges, gut geschultes Personal ist im Nachbargebäude des zentralen Tourismusamts in der Rua Clube Fenianos 11, T 222 08 18 33, erreichbar.

Bank- und Kreditkartensperrung: Für die am Sperrsystem beteiligten deutschen Banken und Kreditkartenfirmen: T +49-116 116, +49 30 4050 4050, www.sperr-notruf.de. In Österreich und der Schweiz erfolgt die Sperrung über die ausstellende Bank, die der wichtigsten Kreditkarten auch über den deutschen Notruf. Kreditkartennummer, Kontonummer und Bankleitzahl sollten griffbereit sein.

Krankenhaus: Santo António, Largo do Prof. Abel Salazar, T 222 07 75 00.

UMWELTFREUNDLICH UNTERWEGS

Öffentlicher Nahverkehr

Metro: In Porto gibt es sechs Linien.

ÖPNV-TICKETSSYSTEM

Das Ticket für den öffentlichen Personennahverkehr heißt **Cartão Andante,** www.linhandante.com. Diese Karte kostet einmalig 0,60 €, ist beliebig oft wiederaufladbar und gültig für Metro und Bus. Sie kann an allen Fahrkartenautomaten in sämtlichen Metrostationen erworben und auch wieder aufgeladen werden, zusätzlich in den Verkaufsstellen Loja Andante in größeren U-Bahnhöfen und Bahnhöfen.

Zentrale Anlaufstelle für alle Infos und Tickets im Nah- und Fernverkehr ist das Centro da Mobilidade im Bahnhof São Bento, tgl. 7–20.30 Uhr. Am Zugang zu den Gleisen oder am Einstieg in die Busse muss die Karte an den deutlich sichtbaren Maschinen elektronisch entwertet werden. Im Innenstadtbereich gilt die Tarifzone Z 2 (ca. 1,20 €), zum Flughafen der Tarif Z 4. Aber Achtung: Die Karte gilt nicht in Straßenbahnen und im Aufzug, dort wird vor Ort verkauft.

Andante 24 ist für beliebig viele Fahrten während 24 Stunden nach der ersten Entwertung gültig und kostet ca. 4,20 € im Innenstadtbereich (Zone Z 2), ca. 6,90 € einschl. Flughafen (Zone Z 4).

Andante Tour 1 bzw. **Andante Tour 3** sind für einen bzw. drei Tage im gesamten Verkehrsverbund außer Tram und Aufzug gültig, also auch über die Stadtgrenzen hinaus und kosten ca. 7 € bzw. 15 €. Sie sind nicht wieder aufladbar.

Ihre farbliche Kennzeichnung macht es leicht, sich zurechtzufinden. Die Taktfolge ist dicht, die Züge fahren von ca. 6 bis 1 Uhr. Die Ankündigung der Haltestellen erfolgt auch in Englisch. In der Rushhour kann es allerdings eng werden, www.metrodoporto.pt.
Bus: Das Busnetz ist eng, doch schwierig zu durchschauen. Interessant für Urlauber ist die Linie 500, die von der Praça da Liberdade über São Bento an die Atlantikstrände fährt. Übersichtspläne gibt es kaum, www.stcp.pt.
Straßenbahn: Es gibt drei historische Straßenbahnen. Die Linie 1 fährt vom westlichen Ende der Ribeira entlang dem Douro zur Flussmündung. Die Linie 18 verbindet das Universitätsviertel mit dem Straßenbahnmuseum am Fluss. Die Linie 22 bietet eine touristische Rundtour ab Praça da Batalha. Tickets sind beim Fahrer erhältlich (3,50 €), die Andante-Karte (► S. 111) gilt nicht, www.portotramcitytour.pt.
Aufzüge: Der Funicular dos Guindais bildet die Verbindung vom Fuße der Brücke Ponte Dom Luís I. zur Praça da Batalha. Die Andante-Karte ist auch hier nicht gültig, Tickets gibt es am Zugang (2,50 €). Der kostenlose Ascensor da Ribeira führt von der Ribeira zur Kathedrale.

Porto Card und Cartão Jovem

Porto Card: Die vom Tourismusamt herausgegebene Karte gewährt Ermäßigung oder sogar freien Eintritt in viele Museen und Baudenkmäler sowie Nachlass in einigen Geschäften, Restaurants, bei Fahrradverleihen, auf Stadttouren und Veranstaltungen. Mit Aufschlag kann die Benutzung des Nahverkehrs einbezogen werden (ohne Tram und Funicular). Erhältlich ist der Pass in den Tourismusbüros, in zahlreichen Hotels und an den Ticketschaltern der Bahnhöfe. Er kann zudem online über die Seite des Tourismusamts bezogen werden: http://short.visitporto.travel/portocard. Die Karte ist ein, zwei, drei bzw. vier Tage gültig und kostet ca. 6, 10, 13 bzw. 15 € ohne und ca. 13 €, 20 €, 25 bzw. 33 € mit kostenloser Benutzung der öffentlichen Transportmittel. Die Porto Card ist auch als App verfügbar.
Cartão Jovem: Die Karte für 12- bis 29-Jährige gewährt erheblichen Nachlass in den meisten eintrittspflichtigen Sehenswürdigkeiten, in vielen Zügen und Fernbussen, in Kinos und Konzerten, in einigen Geschäften und Restaurants. Sie kostet 10 € und kann online oder in Postämtern und Jugendherbergen erworben werden. Mitzubringen sind nur ein aktuelles Foto und Ausweispapiere, die Ausfertigung erfolgt sofort, www.cartaojovem.pt.

Taxi

Taxis sind mit rund 0,50 € pro km ein vergleichsweise preiswertes Fortbewegungsmittel. Hinzu kommen eine Grundgebühr und ggf. Gepäck-, Nacht- oder Wochenendzuschläge. Die Fahrer werden per Handzeichen herangewunken, zudem gibt es zentrale Stände, etwa an der Praça da Liberdade, vor dem Flughafengebäude und an den Bahnhöfen. Die Vorbestellung ist unter T 220 40 37 82 oder T 225 07 64 00 sowie mittels der kostenlosen App Mytaxi möglich. Außerdem fahren Cabify, Taxify und Uber (zu erkennen an der Kennzeichnung TVDE im Rückfenster).

Mietwagen

Autofahren ist in Porto nicht zu empfehlen. Zusätzlich zum üblichen großstädtischen Verkehrschaos erschweren viele Einbahnstraßen das Fahren und Zurechtfinden. Die raren Parkplätze sind kostenpflichtig. Alternativen im Innenstadtbereich bilden zahlreiche Parkhäuser, mit denen viele Unterkünfte besondere Bedingungen für ihre Gäste vereinbart haben. Doch auch dann muss mit einer Stellgebühr von mindestens 10 € pro Tag gerechnet werden. Einen städtischen Großparkplatz mit günstigen Preisen gibt es an der Rua Nova de Alfândega am Flussufer.

Fahrrad und Segway

Die Uferpromenade von der Ribeira zum Atlantik und schließlich durch den Stadtpark Parque da Cidade oder eine Fahrt auf der anderen Uferseite zu den dortigen Stränden sind schöne Ausflugsziele per Rad. Aufgrund des chaotischen Autoverkehrs und der Hügellage eignet sich die Innenstadt weniger fürs Fahrrad, dennoch wird radeln langsam beliebt bei den Portuensern.

Vieguini: Rua Nova da Alfândega 7, T 914 30 68 38 (mobil), www.vieguini.pt. Stadträder, Tandems, Trekkingbikes und Scooter.

Porto Rent a Bike: Av. Gustave Eiffel 280 (hinter der Ponte Dom Luís I.), T 222 02 23 75, www.portorentabike.com. Radverleih, darunter Tandems, und über die angeschlossene Firma **Bluedragon,** www.bluedragon.pt, geführte Rad- und Segwaytouren ab zwei Pers. zu Themen wie Architektur, Gourmet, Strand.

Zu Fuß

Wer in einem zentralen Stadtteil das Quartier bezogen hat, kann die meisten Sehenswürdigkeiten per Pedes erreichen. So sind es von der Praça da Liberdade zur Fußgängerzone Santa Catarina gerade einmal 600 m, ans Flussufer nur 800 m. Das Ausgehviertel rund um die Rua da Galeria de Paris und die Buchhandlung Lello sind schon nach 500 m erreicht, der Torre dos Clérigos erhebt sich gleich um die Ecke. Zu berücksichtigen ist lediglich, dass der Aufstieg vom Flussufer in die oberen Viertel, in denen sehr viele Unterkünfte liegen, gerade nach einem anstrengenden Besichtigungstag ganz schön in die Knochen gehen kann.

STADTFÜHRUNGEN

The Worst Tour: Sehr zu empfehlen für alle, die einen Blick hinter die Kulissen werfen wollen. Die »schlechtesten Touren in der Welt oder zumindest in Porto« sind ein Produkt der Wirtschaftskrise. Drei Architekten und Künstler, ohne Aufträge in ihren angestammten Berufen, blasen nun zur ›Jagd auf Touristen‹, mit denen sie auf ihren Touren die aktuelle Stadtplanung hinterfragen und die soziale Situation der Einwohner erläutern, das Ganze auf Englisch mit Übersetzung bei Gesprächen mit Anwohnern. Start ist nach Voranmeldung an der Praça Marquês do Pombal, theworsttours.weebly.com, auf Spendenbasis.

Wild Walkers: Fun und Infos beim Spaziergang in englischer Sprache mit jungen, lokalen Guides. Die Vormittagstour (meist 10.45 Uhr) ist ein wenig ein Best of Porto, der Spaziergang am Nachmittag (meist 15.30 Uhr) zielt auf die weniger bekannten Spots. Angeboten werden zudem nächtliche Touren durch einige Bars. Viele Hostels vermitteln die Touren mit Abholung. Treffpunkt ist das Denkmal für Dom Pedro IV auf der Avenida dos Aliados, T 918 92 15 89 (mobil), www.wildwalkerstours.com, auf Trinkgeldbasis.

Yellow Bus: Zwei ›Hop-on/hop-off‹-Touren im offenen Doppeldeckerbus auf unterschiedlichen Routen. Tickets gibt es an den Kiosken an der Praça da Liberdade und Ribeira, www.yellowbustours.com.

SCHIFFSTOUREN

6–Brücken–Tour: ► S. 63

Douro Azul: Tagesausflüge führen nach Peso da Régua und Pinhão, eine Strecke auf dem Boot, die andere im Zug. Rua de Miragaia, 103, T 223 40 25 00, www.douroazul.com

Douro Acima: Ähnliches Angebot wie Douro Azul. Rua dos Canastreiros, 40/42, T 222 00 64 18, www.douroacima.pt.

Porto Douro: Schiffsfahrten auch nachts (ca. 20 €) und mit Portweinprobe (ca. 35 €). Rua Conde Alto Mearim 974, Matosinhos, T 229 38 99 33, www.portodouro.com/en.

O-Ton Porto

Bibó Puorto carago!

Es lebe Porto!

Português de Gema

wörtl.: Eigelbportugiesisch
waschechter Portugiese

BOM DIA / BOA TARDE

Guten Tag

faz favor

bitte

Azeiteiro

wörtl.: Olivenölhändler
Provinzling mit schlechtem Geschmack

Pão

wörtl.: Brot
attraktiver Mann

OBRIGADO / OBRIGADA

Danke
(frau nutze die Variante mit dem -a)

Arrotar postas de pescada

wörtl.: Fischstücke vortäuschen
großtun, angeben

Tótil Fixe

echt cool

adeus, até logo

Auf Wiedersehen

C'a grizo

saukalt

Das Klima im Blick
Reisen bereichert und verbindet Menschen und Kulturen. Wer reist, erzeugt auch CO_2. Der Flugverkehr trägt mit bis zu 10 % zur globalen Erwärmung bei. Wer das Klima schützen will, sollte sich – wenn möglich – für eine schonendere Reiseform entscheiden oder die Projekte von atmosfair unterstützen. Flugpassagiere spenden einen kilometerabhängigen Beitrag für die von ihnen verursachten Emissionen und finanzieren damit Projekte in Entwicklungsländern, die dort den Ausstoß von Klimagasen verringern helfen (www.atmosfair.de). Auch die Mitarbeiter des DuMont Reiseverlags fliegen mit atmosfair!

Abbildungsnachweis

Fotolia, New York (USA): S. 56 M. (Alexi TAUZIN); 86 (dianarui); 26 o. (efired); 67 (Figurniy Sergey); 99 (inacio pires); 56 o. (Lukasz Janyst); 44 (Natalia Mylova); 35 (Zacarias da Mata)
Gallery Hostel, Porto (PT): S. 89
Getty Images, München: S. 120/9 (Alfredo Rocha); 101 (Gerard Puigmal 2015); 29 (Sebastiaan Kroes)
Grande Hotel de Porto, Porto (PT): S. 88
Huber-Images, Garmisch-Partenkirchen: S. 73 (Mannakee Tim); 91 (Scatà Stefano); 41 (Simeone Giovanni)
iStock.com, Calgaray (CA): S. 26 u. (Anastasy Yarmolovich); 69 (Fotografiecor.nl)
Jürgen Strohmaier, Lissabon (PT): S. 4 o., 83
Kathleen Becker, Lissabon (PT): S. 12/13, 14/15, 16/17
laif, Köln: S. 7, 8/9, 33, 50, 64 (Berthold Steinhilber); 120/4 (DUCLOS-GOUVERNEUR-GUICHARD); 21 o. (Fulvio Zanettini); 53, 74, 120/1 (hemis.fr/Franck Guiziou); 25 (hemis.fr/Jacques Sierpinski); 94 (hemis.fr/Marc DOZIER); 4 u., 28, 43, 47, 90, 105, 107 (Jens Schwarz); 54 (Karl-Heinz Raach); 120/5 (Polaris/Manuel Freitas); 36 (robertharding/G&M Therin-Weise); 120/8 (UPI); 93 (VU); 120/7 (VU/Deschamps)
Lookphotos, München: S. 56 u., 77, 78/79 (age fotostock)
MATO, Hamburg: S. 40 (4Corners/Tim White); 20 (SIME/Paolo Giocoso); Umschlagklappe hinten (SIME/Ugo Mellone)
Mauritius Images, Mittenwald: S. 70 (age/Santiago Fdez Fuentes); 95 (Alamy/Daniel Sousa); 59, 60 (Alamy/Hercules Milas); Cover, Faltplan (Alamy/Juanma Aparicio); 120/3 (Alamy/LatitudeStock); 21 u. (Alamy/Michele Falzone); 39, 85, 104 (Alamy/Tim E White); 120/6 (Alamy/Vespasian); 80 (Alamy/VIEW Pictures Ltd); 63 (Cultura); 32 (Michael Howard); 120/2 (Pixtal)
picture-alliance, Frankfurt a. M. : S. 98 (Pacific Press Agency)
Typographia Progresso, Porto (PT): S. 97
Zeichnung S. 5: Antonia Selzer, Lörrach
Zeichnungen S. 2, 11, 37, 68: Gerald Konopik, Fürstenfeldbruck
Zitat Umschlagklappe hinten: José Saramago, »Die Portugiesische Reise«, © 1994 by the Estate of José Saramago, Lisboa, © 2014 by Hoffmann & Campe Verlag, Hamburg

Kartografie: DuMont Reisekartografie, Fürstenfeldbruck
© DuMont Reiseverlag, Ostfildern

Umschlagfotos

Titelbild: Blick auf den Douro und die Altstadt von der Ponte Dom Luís I aus
Umschlagklappe hinten: Gasse im Altstadtviertel Ribeira

Hinweis: Autor und Verlag haben alle Informationen mit größtmöglicher Sorgfalt geprüft. Gleichwohl sind Fehler nicht vollständig auszuschließen. Alle Angaben erfolgen ohne Gewähr. Bitte schreiben Sie uns! Über Ihre Rückmeldung zum Buch und Verbesserungsvorschläge freuen sich Autor und Verlag:

DuMont Reiseverlag, Postfach 3151, 73751 Ostfildern,
info@dumontreise.de, www.dumontreise.de

FSC
www.fsc.org
MIX
Papier aus verantwortungsvollen Quellen
FSC® C124385

3., aktualisierte Auflage 2020

Autor: Jürgen Strohmaier
Redaktion/Lektorat: Susanne Pütz, Lucia Rojas
Grafisches Konzept: Eggers+Diaper, Potsdam
Printed in China

Kennen Sie die?

9 von 214 349 Portuensern

Heinrich der Seefahrer

Der Königssohn und Initiator der portugiesischen Entdeckungen gilt als der einzige berühmte Seefahrer, der eigentlich gar nicht zur See fuhr.

Tripas

Kuttelfresser heißen die Portuenser, dank ihrer Lieblingsspeise *tripas* (Kutteln), am liebsten im Bohneneintopf mit weiteren Fleischsorten.

Die lachenden 13

Sie lachen sich schier kaputt, diese bronzenen Figuren im chinesischen Look. Lassen Sie sich anstecken, im Jardim da Cordoaria.

Rosa Mota

Die sozial engagierte Marathonläuferin war 1988 Portugals erste Olympiasiegerin. In Seoul war das, verehrt wird sie bis heute.

Eduardo Souto de Moura

Erbauer der Metro von Porto und eines Ferienhäuschens für Cristiano Ronaldo. Gewinner zahlreicher internationaler Architekturpreise.

Menina Nua

Das nackte Mädchen lächelt den Vorbeieilenden und Reisenden auf der Avenida dos Aliados freundlich zu. Schon seit fast 100 Jahren.

Manoel de Oliveira

Seit der Stummfilmzeit und noch mit 106 Jahren drehte der 2015 verstorbene Regisseur international anerkannte Kinofilme, u.a. mit Catherine Deneuve.

Sara Sampaio

Portugals internationales Top-Model und Victoria's Secret Angel zierte schon Cover von Vogue und Elle und zählt rund 2,5 Mio. Follower auf Facebook.

Pedro Abrunhosa

Ohne dunkle Sonnenbrille geht der Pop- und Jazzmusiker mit dem eingängigen Sprechgesang wohl nicht einmal ins Bett.